ACADEMIC

KOREAN LISTENING

Intermediate Level Ⅱ

QR Code
(MP3)

대학 강의 수강을 위한

한국어 듣기

중급 Ⅱ

연세대학교 한국어학당 편

연세대학교 출판문화원

대학 강의 수강을 위한

한국어 듣기 (중급 II)

편저자 연세대학교 한국어학당 교재편찬위원회
집필진 김미옥·민지숙·윤은미·이기성·김미정·최주리
펴낸곳 연세대학교 출판문화원

주소 서울시 서대문구 연세로 50
전화 02) 2123-3380~2
팩스 02) 2123-8673
ysup@yonsei.ac.kr
http://www.yonsei.ac.kr/press
등록 1955년 10월 13일 제9-60호
인쇄 (주)화신문화
삽화 문춘경 외
녹음 MS미디어
성우 윤미나·전광주

2012년 5월 25일 1판 1쇄 2025년 9월 22일 1판 8쇄
ISBN 978-89-7141-993-9 (08710)
978-89-7141-987-8 (세트)

값 16,000원

머리말

국내 최고의 명성으로 한국어 교육의 50년 전통을 이어 온 연세대학교 언어연구교육원 한국어학당에서는 한국어 교육의 질을 높이기 위해 그동안 많은 교재를 편찬해 왔다. 최근 한국 내 대학, 대학원에서 수학하고 있거나 진학하고자 하는 외국인이 증가함에 따라 학문을 목적으로 하는 한국어 교재에 대한 학습자들의 요구가 높아지고 있다. 이에 따라 연세대학교 언어연구교육원 한국어학당에서는 대학 수학을 목적으로 하는 외국인 유학생들을 대상으로 한국어와 한국 문화를 교육할 수 있는 새로운 교재를 출간하게 되었다.

연세대학교 언어연구교육원 한국어학당에서 출간하는 이 교재는 대학 생활에 필요한 의사소통 기능을 집중적으로 향상시킬 수 있는『대학 생활을 위한 한국어』시리즈와 대학에서의 수학 능력을 집중적으로 향상시킬 수 있는『대학 강의 수강을 위한 한국어』시리즈로 되어 있다.『대학 생활을 위한 한국어』시리즈는 초급 학습자를 위한『대학 생활을 위한 한국어 초급』, 중급 학습자를 위한『대학 생활을 위한 한국어 중급Ⅰ』,『대학 생활을 위한 한국어 중급Ⅱ』로 되어 있으며,『대학 강의 수강을 위한 한국어』시리즈는 중급 학습자를 위한『대학 강의 수강을 위한 한국어 중급Ⅰ』『대학 강의 수강을 위한 한국어 중급Ⅱ』그리고 고급 학습자를 위한『대학 강의 수강을 위한 한국어 고급』으로 되어 있다.

『대학 생활을 위한 한국어』시리즈는 한국어 학습 단계별로 요구되는 내용을 주제로 말하기, 듣기, 쓰기 능력을 향상할 수 있도록 다양한 과제와 활동으로 구성된 분리형 교재이다. 그리고『대학 강의 수강을 위한 한국어』시리즈는 대학 수학에서 요구되는 기능과 장르를 중심으로 말하기, 듣기, 쓰기, 읽기 능력을 향상할 수 있도록 실용적인 과제와 활동으로 구성된 분리형 교재이다. 이들 교재에서는 학습자들이 흥미를 가질 수 있는 주제와 상황을 기초로 여러 가지 의사소통 기능 및 전략을 배울 수 있도록 배려하였다.

『대학 생활을 위한 한국어』와『대학 강의 수강을 위한 한국어』가 연세대학교 언어연구교육원 한국어학당에서 공부하는 학생들뿐만 아니라 한국 내에서 대학, 대학원 수학을 목적으로 하고 있는 모든 한국어 학습자들에게 도움이 되기를 바란다.

연세대학교 언어연구교육원
한국어학당 교재편찬위원회

일러두기

- 『대학 강의 수강을 위한 한국어 듣기 중급 Ⅱ』는 강의 수강에 필요한 기능을 중심으로 총 10개의 단원을 구성하였으며 대학 수강을 위해 필요한 내용을 듣고 이해할 수 있는 능력을 함양시킬 수 있도록 내용을 구성하였다.
- 각 단원은 모두 [준비해 봅시다], [들어 봅시다], [정리해 봅시다]의 세 단계로 구성되었다.
- 각 단원의 첫 부분에 제목과 학습목표를 제시하였으며 교재의 맨 뒤에는 듣기 지문과 답안이 붙어 있다.

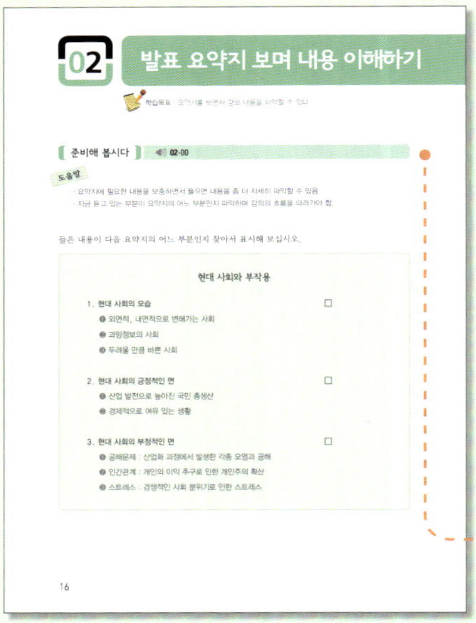
02 발표 요약지 보며 내용 이해하기

학습목표 : 요약지를 보면서 강의 내용을 파악할 수 있다

준비해 봅시다 02-00

도움말
- 요약지에 필요한 내용을 보충하면서 들으면 내용을 좀 더 자세히 파악할 수 있음
- 지금 듣고 있는 부분이 요약지의 어느 부분인지 파악하며 강의의 흐름을 따라가야 함

들은 내용이 다음 요약지의 어느 부분인지 찾아서 표시해 보십시오.

현대 사회와 부작용

1. 현대 사회의 모습 □
   - ❶ 외면적, 내면적으로 변해가는 사회
   - ❷ 과잉정보의 사회
   - ❸ 두려울 만큼 바쁜 사회
2. 현대 사회의 긍정적인 면 □
   - ❶ 산업 발전으로 높아진 국민 총생산
   - ❷ 경제적으로 여유 있는 생활
3. 현대 사회의 부정적인 면 □
   - ❶ 공해문제 : 산업화 과정에서 발생한 각종 오염과 공해
   - ❷ 인간관계 : 개인의 이익 추구로 인한 개인주의 확산
   - ❸ 스트레스 : 경쟁적인 사회 분위기로 인한 스트레스

16

준비해 봅시다

도입 단계로 단원의 학습목표 기능에 필요한 정보를 도움말의 형태로 제시하였다.

학습목표 기능에 대한 선지식을 불러일으킬 수 있는 준비 활동으로서 목표 기능의 표현을 유추할 수 있는 간단한 지문과 이를 확인하는 문제를 제시하였다.

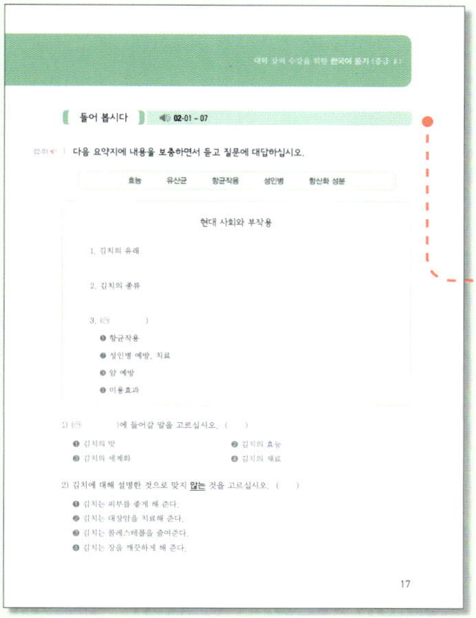

들어 봅시다 02-01 ~ 07

02-01 다음 요약지에 내용을 보충하면서 듣고 질문에 대답하십시오.

효능 유산균 항균작용 성인병 항산화 성분

현대 사회와 부작용

1. 김치의 유래

2. 김치의 종류

3. (㉠)
❶ 항균작용
❷ 성인병 예방, 치료
❸ 암 예방
❹ 미용효과

1) (㉠)에 들어갈 말을 고르십시오. ( )
❶ 김치의 맛 ❷ 김치의 효능
❸ 김치의 세계화 ❹ 김치의 재료

2) 김치에 대해 설명한 것으로 맞지 **않는** 것을 고르십시오. ( )
❶ 김치는 피부를 좋게 해 준다.
❷ 김치는 대장암을 치료해 준다.
❸ 김치는 콜레스테롤을 줄여준다.
❹ 김치는 장을 깨끗하게 해 준다.

17

들어 봅시다

몇 개의 단계로 구성되며, 각 단계는 난이도와 길이에 있어서 각각 구분이 되도록 구성하였다.

단원마다 7개의 지문이 제시된다. 첫 3개의 지문은 한 단락 정도의 짧고 비교적 쉬운 내용이며 각 단원에서 목표로 하는 기능에 초점을 맞춘 3개의 문제가 제시된다. 다음 3개의 지문은 한두 단락 정도의 약간 긴 지문이 제시되며 들으면서 메모할 수 있는 요약지와 이해를 확인하는 4개의 질문으로 구성되었다. 마지막 지문은 두세 단락 정도의 비교적 길고 어려운 내용의 지문이 제시되며 들으면서 내용을 요약할 수 있는 요약지와 내용 이해를 확인할 수 있는 질문 4개, 그리고 들은 내용을 기반으로 자신의 의견 말하기, 토론하기 등의 말하기 활동을 제시하였다.
듣기 전에 듣기 내용과 관련된 어휘를 확인하기 위해 난이도를 고려하여 새 어휘를 제시하였다.

정리해 봅시다

단원의 목표 듣기 기능에 대한 지식 점검과 평가를 통해 듣기 활동을 정리하고 마무리하였다.

정리해 봅시다

이야기를 들으면서 화자의 의도를 어떻게 파악할 수 있었는지 이야기해 보십시오.

83

차례

내용 구성

과	제 목	학습목표	기 능
1	강의 개요 듣기	수강 과목에 대한 개도를 들을 수 있다.	핵심 정보 듣기
2	발표 요약지 보며 내용 이해하기	요약지를 보면서 강의 내용을 파악할 수 있다.	세부 내용 듣기
3	시각 자료 보며 이해하기	사진, 그래프, 표 등 시각 자료를 보면서 강의 내용을 파악할 수 있다.	세부 내용 듣기
4	핵심 정보 및 내용 듣기	강의나 토론을 들으면서 핵심 내용을 파악할 수 있다.	핵심 정보 듣기
5	용어 및 개념 듣기	내용을 듣고 주요 용어 및 개념을 이해할 수 있다.	핵심 정보 듣기
6	강의 전개 방식 이해하기	강의의 전개 방식을 파악하여 내용을 이해할 수 있다.	전개 방식 파악하기
7	화제 전환 이해하기	강의나 강연을 들으면서 화제 전환 표지를 이해하고 전환 지점을 파악해 내용을 이해할 수 있다.	화제 전환 표지 파악하기
8	의도 이해하기	강의, 강연, 발표를 들으면서 화자의 의도를 파악할 수 있다.	화자의 의도, 태도 파악하기
9	추론하기	내용을 듣고 중요한 내용을 추론할 수 있다.	내용 추론하기
10	비판적 듣기	들은 내용의 문제점을 파악할 수 있다.	비판적 태도로 듣기

01 강의 개요 듣기

학습목표 : 수강 과목에 대한 개요를 들을 수 있다.

MP3_1

준비해 봅시다 01-01

도움말

- 강의 개요를 잘 들으면 수업에 관련된 중요한 정보를 파악할 수 있음.
- 주의해서 들어야 할 내용 : 수업 목표, 교재, 수업 방식, 평가 방식

강의에 대한 개요를 듣고 ㄱ~ㄹ에 맞는 말을 써 보십시오.

교과목명	정치학개론	학점	3
담당교수	김영진	수업 시간	화 4, 목 4,5
ㄱ ________	1. 정치학의 기초적 내용과 논리를 소개함. 2. 정치외교현상과 이에 대한 이론들을 기준으로 현대 사회의 주요 문제를 이해함.		
ㄴ ________	교수에 의한 강의 및 질의 응답 방식		
ㄷ ________	중간고사(객관식, 30%), 기말고사(객관식, 30%) 기말 보고서(20%), 출석 및 수업 참여도(20%)		
ㄹ ________	진영재 저, 2010,『정치학 총론』, 연세대학교 출판부		

들어 봅시다 01-02 ~ 08

01-02 1. 다음을 듣고 질문에 대답하십시오.

어휘론	맡다	기초적	참고문헌	토론

1) 말하지 **않은** 것은 무엇입니까? (   )

① 교재 ② 수업 목표 ③ 수강 대상 ④ 평가 방식

2) 무슨 과목입니까? (　　)

❶ 어휘론　　❷ 문법　　❸ 언어학　　❹ 음성학

3) 이 강의 내용과 같으면 ○표, 다르면 ×표 하십시오.

❶ 주 교재만 읽으면 된다. (　　)
❷ 학생들은 발표와 토론을 해야 한다. (　　)
❸ 기말 시험은 전체 평가에 20%가 반영된다. (　　)

01-03 **2. 다음을 듣고 질문에 대답하십시오.**

수강철회　　시공　　답사　　담당자

1) 말하지 **않은** 것은 무엇입니까? (　　)

❶ 수강 대상　　❷ 수업 방식　　❸ 교재　　❹ 시험

2) 무슨 과목입니까? (　　)

❶ 건축 시공　　❷ 한국의 건축물　　❸ 건축의 역사　　❹ 건축 디자인

3) 들은 내용과 같으면 ○, 다르면 × 하십시오.

❶ 학생들은 교수와 함께 답사를 간다. (　　)
❷ 이 과목은 누구나 수강할 수 있다. (　　)
❸ 이 과목은 수강을 취소할 수 있다. (　　)

01-04 **3. 다음을 듣고 질문에 대답하십시오.**

탐구하다　　천문학　　우주론　　실습

1) 말하지 **않은** 것은 무엇입니까? (　　)

❶ 공부할 내용　　❷ 기말 보고서　　❸ 수업 방식　　❹ 교재

2) 공부할 내용이 **아닌** 것은 무엇입니까? (　　)

❶ 천문학의 기초　❷ 현대 천문학　❸ 우주론　❹ 천문학 연구 방법

3) 들은 내용과 같으면 ○, 다르면 × 하십시오.

❶ 수업에 실습이 포함되어 있다. (　　)
❷ 수강 대상은 신입생이다. (　　)
❸ 수업 참여와 태도가 성적의 30%이다. (　　)

01-05 **4. 다음을 듣고 질문에 대답하십시오.**

꼼꼼하다	선정하다	감상	점수를 매기다

○ 들으면서 내용을 쓰십시오.

- 읽을 작품 : 총 ______ 개. ____________________
- 1주차, 2주차 : ____________
- 3주차부터 발표
- 발표 방식 :
- 평가 : 중간고사 30점, ____________________

○ 다시 듣고 질문에 대답하십시오.

1) 말하지 **않은** 것은 무엇입니까? (　　)

❶ 수업 목표　❷ 수업 방식　❸ 보고서 주제　❹ 수업에서 다룰 작품

2) 무슨 과목입니까? (　　)

❶ 문학 감상　❷ 감상문 쓰기　❸ 문학 비평론　❹ 현대 문학 개론

3) 팀 발표는 어떻게 합니까? (　　)

❶ 팀원 중 한 명이 책에 대한 감상을 발표한다.
❷ 팀원 여러 명이 감상을 발표하고 토론을 한다.
❸ 한 명이 발표를 하고 나머지 팀원들은 토론에 참여한다.
❹ 감상 발표 후 교수가 사회자가 되어 팀의 토론을 이끈다.

4) 평가 방식으로 맞는 것은 무엇입니까? (　　)

❶ 시험이 60% 반영된다.
❷ 발표 점수는 40점이다.
❸ 기말에 보고서를 내야 한다.
❹ 발표에 대한 평가는 교수만 한다.

01-06 5. **다음을 듣고 질문에 대답하십시오.**

마케팅	학위	수강생	전략	마케터	사례

○ 들으면서 내용을 쓰십시오.

- 수업 목표 : ______________________
  마케팅 전략
  ____
- 교재 : ______________________
- 평가 : 시험 중간, 기말 30%씩, ______________________
- 과제 내용: ______________________

○ 다시 듣고 질문에 대답하십시오.

1) 말하지 **않은** 것은 무엇입니까? (　　)

❶ 수업 시간　　❷ 평가 방법　　❸ 교재　　❹ 교수에 대한 정보

2) 수업의 목표로 맞는 것을 모두 고르십시오. (,   )

❶ 마케팅의 역사를 살펴본다.
❷ 마케팅의 기초 이론을 배운다.
❸ 마케팅의 다양한 전략을 공부한다.
❹ 해외 마케팅과 국내 마케팅을 비교한다.

3) 이 수업의 과제는 무엇입니까? (   )

❶ 마케팅 사례를 분석해 수업 중 발표한다.
❷ 마케팅 성공 사례를 분석하고 보고서로 낸다.
❸ 마케팅 사례에 대해서 매 수업시간에 토론한다.
❹ 마케팅 이론을 분석해서 기말에 보고서로 제출한다.

4) 평가 방식에 대해 맞지 **않는** 것은 무엇입니까? (   )

❶ 시험은 두 번 있다.
❷ 출석은 15% 반영된다.
❸ 토론도 평가에 반영된다.
❹ 기말에 보고서를 내야 한다.

01-07 **6. 다음을 듣고 질문에 대답하십시오.**

의류학	수요	유통	프로젝트

들으면서 내용을 쓰십시오.

- 수업 목표 : ______________________ → 일자리 찾는 데에 도움
  ____
- 교재 : ______________________
  ____
- 팀 프로젝트 : ______________________ 후에 ______________
- 평가 : ______________________

○ 다시 듣고 질문에 대답하십시오.

1) 말한 것을 모두 고르십시오. (,   )

❶ 교수 소개　　❷ 수업 목표　　❸ 읽어야 할 논문　　❹ 팀 프로젝트 방식

2) 수업의 목표로 맞지 **않는** 것은 무엇입니까? (   )

❶ 패션 비즈니스의 특성을 배운다.
❷ 국제적 패션 마케팅을 이해한다.
❸ 패션 산업에 대한 국제적 감각을 키운다.
❹ 한국 패션 디자인의 국제화 방법을 배운다.

3) 학생들이 해야 할 일이 **아닌** 것은 무엇입니까? (   )

❶ 전문가 인터뷰　　❷ 시장 조사　　❸ 발표　　❹ 토론

4) 들은 내용과 같으면 ○, 다르면 × 하십시오.

❶ 모든 학생들이 수강할 수 있다. (   )
❷ 의류상품학을 들은 학생은 쉽게 수강할 수 있다. (   )
❸ 프로젝트는 전체 성적에 30% 반영된다. (   )

01-08 **7. 다음을 듣고 질문에 대답하십시오.**

원서　범죄심리학　개설　응용심리학　인식　암기　적용시키다

○ 들으면서 내용을 쓰십시오.

- 교재 : 심리학 ← 싸이콜로지(원서)
- 발표 : ____________________
- 참고문헌 : 밑줄 친 것 우선
- 평가 : 중간고사 30점, ____________________
- 공부 내용 : 뇌의 발달, 얼굴 인식, ____________________
- 수업 목표 : ____________________

01 강의 개요 듣기

다시 듣고 질문에 대답하십시오.

1) 이 수업에서 한 것이 **아닌** 것은 무엇입니까? (　　)

❶ 교재 소개하기
❷ 발표순서 정하기
❸ 평가 방식 이야기하기
❹ 수업 목표 소개하기

2) 무슨 과목입니까? (　　)

❶ 응용 심리　❷ 심리학 개론　❸ 심리연구 방법론　❹ 인지론

3) 이 수업에 대해 맞는 것은 무엇입니까? (　　)

❶ 신입생들을 위한 수업이다.
❷ 참고문헌은 다 읽지 않아도 된다.
❸ 교재는 영어 원서를 사용할 것이다.
❹ 시험은 학기 중에 두 번 본다.

4) 공부할 내용으로 맞지 **않는** 것은 무엇입니까? (　　)

❶ 심리테스트　❷ 인간관계　❸ 아이큐　❹ 범죄심리학

5) 들은 내용으로 다음의 수업 계획표를 채워 보십시오

교과목명		학점	3
담당교수		수업 시간	월 2, 수 2, 3
수업 목표			
수업 방식			
수업 방법			
교재			

정리해 봅시다

수업 개요를 들을 때 어떤 내용들을 주의해서 들어야 하는지 이야기해 보십시오.

02 발표 요약지 보며 내용 이해하기

학습목표 : 요약지를 보면서 강의 내용을 파악할 수 있다.

MP3_2

준비해 봅시다 02-00

도움말

- 요약지에 필요한 내용을 보충하면서 들으면 내용을 좀 더 자세히 파악할 수 있음.
- 지금 듣고 있는 부분이 요약지의 어느 부분인지 파악하며 강의의 흐름을 따라가야 함.

들은 내용이 다음 요약지의 어느 부분인지 찾아서 표시해 보십시오.

현대 사회와 부작용

1. 현대 사회의 모습 ☐
   - ❶ 외면적, 내면적으로 변해가는 사회
   - ❷ 과잉 정보의 사회
   - ❸ 두려울 만큼 바쁜 사회

2. 현대 사회의 긍정적인 면 ☐
   - ❶ 산업 발전으로 높아진 국민 총생산
   - ❷ 경제적으로 여유 있는 생활

3. 현대 사회의 부정적인 면 ☐
   - ❶ 공해 문제 : 산업화 과정에서 발생한 각종 오염과 공해
   - ❷ 인간관계 : 개인의 이익 추구로 인한 개인주의 확산
   - ❸ 스트레스 : 경쟁적인 사회 분위기로 인한 스트레스

들어 봅시다 02-01 ~ 07

02-01 1. **다음 요약지에 내용을 보충하면서 듣고 질문에 대답하십시오.**

효능	유산균	항균 작용	성인병	항산화 성분

현대 사회와 부작용

1. 김치의 유래

2. 김치의 종류

3. (㉠)

❶ 항균 작용

❷ 성인병 예방, 치료

❸ 암 예방

❹ 미용 효과

1) (㉠)에 들어갈 말을 고르십시오. ( )

❶ 김치의 맛
❷ 김치의 효능
❸ 김치의 세계화
❹ 김치의 재료

2) 김치에 대해 설명한 것으로 맞지 **않는** 것을 고르십시오. ( )

❶ 김치는 피부를 좋게 해 준다.
❷ 김치는 대장암을 치료해 준다.
❸ 김치는 콜레스테롤을 줄여준다.
❹ 김치는 장을 깨끗하게 해 준다.

3) 들은 내용과 같으면 ○, 다르면 × 하십시오.

❶ 김치의 종류는 다양하다. ( )
❷ 위암을 예방해 주는 것은 배추이다. ( )
❸ 새로 담근 김치에는 유산균이 풍부하다. ( )

02-02 **2. 다음 요약지에 내용을 보충하면서 듣고 질문에 대답하십시오.**

계곡	귀중하다	여기다	뜨다	구분하다

한국인과 물

1. 물의 구분
   ❶ 무게로 구분
   ❷ 맛으로 구분
   ❸ (㉠) : 인왕산 물, 삼청동 물, 남산 물
2. 물과 인간
   ❶ 성품 형성
   ❷ 질병
3. 물과 한국인의 자연관

1) (㉠)에 들어갈 말을 고르십시오. ( )

❶ 장소로 구분
❷ 색깔로 구분
❸ 온도로 구분
❹ 물 뜨는 시간으로 구분

2) 들은 내용으로 알 수 **없는** 것은 무엇입니까? ( )

❶ 한국인들은 약수를 즐겨 마셨다.
❷ 한국인들은 물에 관심이 많았다.
❸ 한국인들은 물을 소중하게 생각했다.
❹ 한국인들은 물을 여러 가지 방법으로 구분했다.

3) 들은 내용과 같으면 ○, 다르면 × 하십시오.

❶ 한국인들은 물을 뜨는 시간에 따라 물이 다르다고 느꼈다. ( )
❷ 주작수는 아침에 뜬 물을 말한다. ( )
❸ 한국인들은 물에 여러 가지 맛이 있다고 생각한다. ( )

02-03 **3. 다음 요약지에 내용을 보충하면서 듣고 질문에 대답하십시오.**

구성 요소 소리꾼 몸동작 역할 고수 장단

판소리

1. 판소리란?
   ❶ 조선후기에 발달한 민중 문화의 하나
   ❷ 넓은 마당에서 행해지는 예술
2. 내용
   ❶ 옛날부터 내려오는 이야기
   ❷ 원래는 12개의 내용(12마당) → 현재 5개(5마당)
3. (㉠) : 노래, 이야기, 몸동작, 추임새
   ❶ 소리꾼의 역할
   ❷ 고수의 역할

1) (㉠)에 들어갈 말을 고르십시오. ( )

❶ 판소리의 기능
❷ 판소리의 역사
❸ 판소리의 역할
❹ 판소리의 구성 요소

2) 판소리에 대한 설명으로 맞지 **않는** 것을 고르십시오. ( )

❶ 판소리 공연은 두 사람이 한다.
❷ 판소리는 원래 다섯 마당이었다.
❸ 판소리를 만든 사람이 누구인지 알 수 없다.
❹ 판소리에는 노래, 이야기, 몸동작이 들어간다.

3) 들은 내용과 같으면 ○, 다르면 × 하십시오.

❶ 추임새는 판소리 노래의 한 종류이다. ( )
❷ 판소리 적벽가는 현재 남아있지 않다. ( )
❸ 소리꾼이 노래와 몸동작을 모두 한다. ( )

02-04 **4. 다음 요약지에 내용을 보충하면서 듣고 질문에 대답하십시오.**

가옥	배경	신분 계급	지리적	북반구	마루	사상적	유교

조선시대 가옥

1. 조선시대 가옥 건축의 특징
2. 조선시대 가옥 건축의 의의
3. (㉠)
   ❶ 사회적-신분제도
   ❷ 지리적-습하고 더운 여름, 춥고 긴 겨울
   ❸ 사상적 – 유교 사상
4. 조선시대 가옥의 종류
5. 세부 구조

1) (㉠)에 들어갈 말을 고르십시오. ( )

❶ 조선시대 가옥의 문제점
❷ 조선시대 가옥의 형성 배경
❸ 조선시대 가옥의 구조적 특성
❹ 조선시대 가옥의 지역별 특징

2) 들은 이야기로 알 수 <u>없는</u> 것은 무엇입니까? ( )

❶ 조선시대 가옥의 형태 차이는 왜 생겼나?
❷ 조선시대 가옥은 어디에서 영향을 받았나?
❸ 조선시대 가옥의 모양은 어떻게 변화했나?
❹ 조선시대 가옥의 온돌과 마루는 왜 생겼나?

3) 들은 내용과 같은 것을 고르십시오. (　　)

❶ 집의 방향을 정할 때는 유교 사상에 따랐다.
❷ 조선시대 가옥은 역사적 배경에 영향을 받았다.
❸ 한옥의 마루는 지리적 영향 때문에 생긴 것이다.
❹ 조선시대에는 모든 사람들이 자신의 신분을 집으르 보여주었다.

4) 조선시대 가옥에 남녀 구분, 윗사람과 아랫사람의 구분이 있는 것은 무엇의 영향을 받은 것입니까?

02-05 **5. 다음 요약지에 내용을 보충하면서 듣고 질문에 대답하십시오.**

대륙	항로	개척	호기심	동방	자극하다	나침반	항해술	상공업	금융업	넘쳐나다

15세기 유럽의 ㉠ ________________

1. 동양에 대한 호기심
   ❶ 동방 무역
   ❷ 마르크 폴로

2. 과학 기술의 발달
   ❶ 나침반
   ❷ 항해술 발달

3. 상공업, 금융업 발달
   ❶ 시장
   ❷ 자금

1) ㉠　　　　　　에 알맞은 말을 쓰십시오.

2) 15세기 유럽의 상황과 맞지 **않는** 것을 고르십시오. (　　)

❶ 동양의 물건들이 들어왔다.
❷ 전쟁에 필요한 돈을 벌어야 했다.
❸ 동양을 여행하고 온 유럽인이 있었다.
❹ 물건을 사고팔 새로운 시장이 필요했다.

3) 들은 내용과 같은 것을 고르십시오. (　　)

❶ 항해술의 발달로 상업이 활발해졌다.
❷ 15세기 동양 사람들은 서양에 관심이 많았다.
❸ 마르코 폴로는 동양에서 나침반을 가지고 왔다.
❹ 르네상스 시대에는 인간과 현실을 새롭게 보려고 했다.

4) 마르코 폴로가 쓴 책 이름은 무엇입니까?

02-06 **6. 다음 요약지에 내용을 보충하면서 듣고 질문에 대답하십시오.**

생계	보장하다	백성	공평하다	든든하다	지지하다	지향하다

맹자의 ㉠ ______________

1. 이상적인 통치자의 역할
   ❶ 백성들의 생계 보장
   –경제적 자립을 보장해 주는 정책
   –공정한 부의 분배를 위한 정책
   ❷ 백성들의 도덕, 교육 지침 마련
   –인간을 소중하게 생각하는 마음

2. 맹자의 국가관과 복지 국가관의 공통점
   ❶ 백성의 복지 주장
   ❷ 인정 지지

1) ㉠ ________ 에 알맞은 말을 쓰십시오

2) 맹자가 생각하는 이상적인 국가는 어떤 것입니까? (　　)

❶ 군사적으로 강한 나라
❷ 도덕적으로 깨끗한 나라
❸ 국민들이 모두 평등한 나라
❹ 국민들이 편하게 잘 사는 나라

3) 들은 내용과 **다른** 것을 고르십시오. (　　)

❶ 공자는 맹자의 사상에 영향을 받았다.
❷ 맹자는 백성들의 교육에도 관심이 있었다.
❸ 맹자는 백성들의 경제를 위해 세금을 줄일 것을 주장했다.
❹ 맹자의 국가관은 오늘날의 지도자들도 따라야 할 사상이다.

4) 왜 맹자를 오늘날까지 영향을 주는 사상가라고 할 수 있습니까?

02-07 **7. 다음 요약지에 내용을 보충하면서 듣고 질문에 대답하십시오.**

욕망　충족시키다　소비　합리적　자원　밀접하다　가치　실현하다

㉠ ____________

1. 합리적인 소비
　–최소의 자원/ 최대의 만족

2. 잘못된 소비
　–과소비, 사회문제 발생

3. 현대사회에서 소비의 의미
　❶ 주관적이고 심리적인 가치 실현
　❷ 사회적 위치 과시
　❸ 인간관계 유지

02 발표 요약지 보며 내용 이해하기

1) ㉠ ________ 에 알맞은 것을 고르십시오. (　　)

❶ 소비자의 역할
❷ 과거와 현재의 소비
❸ 소비와 지출의 관계
❹ 현대 사회에서의 소비

2) 중심 내용은 무엇입니까? (　　)

❶ 과거의 소비자들이 현대의 소비자들보다 현명했다.
❷ 현대 사회에서 소비의 의미는 예전과 매우 달라졌다.
❸ 소비는 사람들이 불법적인 행동을 하지 못하게 한다.
❹ 과소비를 하는 사람은 사회적으로 불이익을 얻게 된다.

3) 들은 내용과 같은 것을 고르십시오. (　　)

❶ 과거의 소비는 정신적인 만족을 위한 것이었다.
❷ 선물의 가격에 따라 사회적 위치를 보여 줄 수 있다.
❸ 명품 옷을 사는 것은 좋은 인간관계를 위한 소비이다.
❹ 미국인들은 아이들과 노는 시간보다 쇼핑하는 시간이 더 많다.

4) 현대사회에서 소비의 역할이 <u>아닌</u> 것을 고르십시오. (　　)

❶ 만족감을 준다.
❷ 사회적 위치를 보여 준다.
❸ 자기 일에 더욱 집중하게 해 준다.
❹ 좋은 인간관계를 유지하게 해 준다.

5) 여러분은 무엇을 하는 데 가장 많은 돈을 씁니까? 그 소비는 현대사회의 소비의 3가지 의미 중에서 어느 것에 해당됩니까?

정리해 봅시다

요약지를 보면서 들을 때 어떤 점에 주의해서 들어야 하는지 이야기해 보십시오.

03 시각 자료 보며 이해하기

학습목표 : 사진, 그래프, 표 등 시각 자료를 보면서 강의 내용을 파악할 수 있다.

준비해 봅시다 03-00

MP3_3

도움말

- 시각 자료를 보면서 들으면 내용을 보다 더 쉽게 파악할 수 있음.
- 시각 자료를 설명하는 표현의 예

사진에서 보시는 것이 –	지금 여러분이 보고 있는 것이 –
이 표에서 보는 것처럼	– 는 것처럼 보입니다.
이 그림은 – 을/를 표현하고 있습니다.	

들은 내용이 어느 것을 설명하는지 고르십시오. (　　)

❶ 

❷ 

❸ 

❹ 

들어 봅시다 03-01 ~ 07

03-01 1. **다음 사진을 보면서 이야기를 듣고 질문에 대답하십시오.**

백자　　소박하다　　독특하다　　겸손하다

❶ 

❷ 

1) 사진 ①, ② 중에서 '달항아리'는 어느 것입니까? (　　)

2) 조선백자의 특징에 대해서 맞게 설명한 것을 고르십시오. (　　)

❶ 세련된 멋이 있다.　　❷ 화려한 멋이 있다.
❸ 부드러운 색을 사용했다.　　❹ 모양이 중국 백자와 비슷하다.

3) 들은 내용과 같으면 ○, 다르면 × 하십시오.

❶ 청화백자는 무늬가 있는 백자이다. (　)
❷ 상감백자 중에서 '달항아리'라는 작품이 유명하다. (　)
❸ 순백자를 통해 조선시대의 정신을 느낄 수 있다. (　)

03-02 **2. 다음 그림을 보면서 이야기를 듣고 질문에 대답하십시오.**

열정적	소용돌이치다	불타다	폭발하다	해방	강렬함

1) 이 그림의 제목은 무엇입니까? (　　　　)

2) 이 그림이 표현하는 느낌이 <u>아닌</u> 것을 고르십시오 (　　)

❶ 긴장감을 표현하고 있다.
❷ 감정의 해방을 표현하고 있다.
❸ 정열적인 느낌을 표현하고 있다.
❹ 정신적인 혼란을 표현하고 있다.

3) 들은 내용과 같으면 ○, 다르면 × 하십시오.

❶ 이 그림은 시골 마을을 그린 풍경화이다. ( )

❷ 그림 안에 있는 둥근 모양들은 별을 그린 것이다. ( )

❸ 그림의 오른쪽 위에 있는 것은 태양이다. ( )

03-03 **3. 다음 지도를 보면서 이야기를 듣고 질문에 대답하십시오.**

차지하다	제외하다	지배를 받다	뒤를 잇다

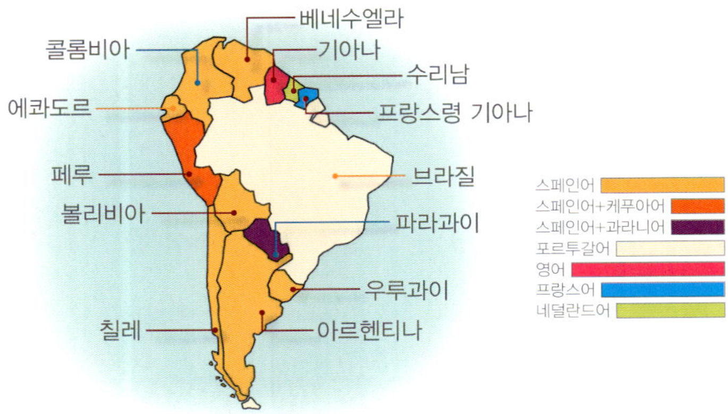

1) 진한 색과 흐린 색의 국가에서 사용하는 언어를 쓰십시오.

❶ 진한 색 ( ) ❷ 흐린 색 ( )

2) 남아메리카에서 스페인어를 많이 쓰게 된 이유는 무엇입니까? ( )

❶ 그들의 고유한 언어가 없었기 때문에

❷ 스페인에서 많은 사람이 이민을 왔기 때문에

❸ 스페인어를 세계인들이 많이 쓰고 있기 때문에

❹ 오랜 시간 동안 스페인의 지배를 받았기 때문에

3) 들은 내용과 같으면 ○, 다르면 × 하십시오.

❶ 브라질은 남아메리카에서 가장 큰 국가이다. ( )

❷ 스페인어는 세계에서 세 번째로 많이 사용하는 언어이다. ( )

❸ 남아메리카의 거의 모든 지역에서 스페인어를 사용하고 있다. ( )

03-04 **4. 다음 사진을 보면서 이야기를 듣고 질문에 대답하십시오.**

화려하다	정교하다	간결하다	네모반듯하다	섬세하다

❶ 

❷ 

○ 들으면서 내용을 쓰십시오.

두 개의 탑

– 탑이 있는 곳 :

– 한국에서 가장 ______

- 두 탑의 특징 :

❶

❷

- 두 탑의 차이점 :

❶

❷

○ 다시 듣고 질문에 대답하십시오.

1) 각 탑의 이름을 쓰십시오.

❶ ______ ❷ ______

2) 두 탑을 통해 알 수 있는 것은 무엇입니까? (　　)

❶ 한국의 석탑의 종류　　❷ 두 탑의 역사적 가치
❸ 신라인의 예술적 감각　　❹ 탑을 만들 때 사용한 기술

3) 다보탑을 설명한 것은 '다', 석가탑을 설명한 것은 '석'이라고 쓰십시오.

❶ 모양이 화려하다. (　)
❷ 모양이 단정하고 간결하다. (　)
❸ 안정된 느낌을 준다. (　)
❹ 우수한 조각 기술을 보여준다. (　)

4) 들은 내용과 같은 것을 고르십시오. (　　)

❶ 두 개의 탑은 모양과 높이가 다르다.
❷ 신라시대의 예술적 감각을 알 수 있다.
❸ 두 개의 탑은 불국사 안과 밖에 하나씩 서 있다.
❹ 다보탑은 나무로 만들었고 석가탑은 돌로 만들었다.

03-05 **5. 다음 사진을 보면서 이야기를 듣고 질문에 대답하십시오.**

수호신　정월대보름　탈놀이　상징하다　인자하다　생동감　넓적하다　처져 있다

❶

❷

○ 들으면서 내용을 쓰십시오.

하회탈

- ____________________ 에서 만들어져 전해짐
- 언제부터?
- 왜?
- 종류 : ________ 가지
- 사진에 있는 탈

❶

❷

○ 다시 듣고 질문에 대답하십시오.

1) 각 탈의 이름을 쓰십시오.

❶ ____________________ ❷ ____________________

2) 하회탈이 표현하고 있는 것은 무엇입니까? (　　)

❶ 마을 수호신의 모습
❷ 당시 상류층의 얼굴
❸ 당시의 다양한 인물들의 성격
❹ 하회마을 사람들의 얼굴의 변화

3) 양반탈에 대한 설명으로 맞는 것을 고르십시오. (　　)

❶ 얼굴 아래쪽에 턱이 없다.
❷ 당시의 보통 사람을 표현한 탈이다.
❸ 인자한 웃음 뒤에 다른 진짜 모습이 있다.
❹ 이 탈을 쓰면 누구나 바보처럼 보일 수 있다.

4) 들은 내용과 같으면 ○, 다르면 × 하십시오.

❶ 하회탈이 언제부터 만들어졌는지 확실하지 않다. ( )

❷ 하회탈은 당시의 11가지 인물을 나타내고 있다. ( )

❸ 탈놀이는 마을 주민들의 수고에 감사하기 위해서 했다. ( )

03-06 6. **다음 표를 보면서 이야기를 듣고 질문에 대답하십시오.**

지역 사회	공익 단체	구체적	지원하다	대중화	기여하다

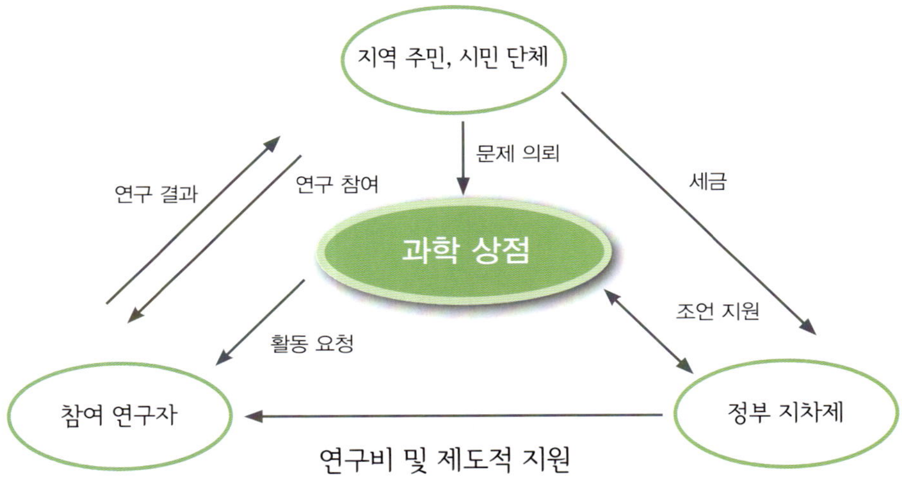

○ 들으면서 내용을 쓰십시오.

과 학 상 점

– 과학 상점이란?

_______________________________ 는 제도

– 연구비는 _______________________ 부담

– 이 제도의 장점 : ❶

❷

❸

– 네덜란드의 경우 :

– 따라서 ____

○ 다시 듣고 질문에 대답하십시오.

'과학 상점'은 과학과 인간을 가깝게 해 주어 (   )의 (   )에 기여한다고 할 수 있다.

1) (   )안에 알맞은 말을 써 넣으십시오.

2) 과학 상점에 대한 설명으로 맞는 것은 무엇입니까? (   )

❶ 과학 도구를 사고파는 가게이다.
❷ 시민들이 과학 문제를 자유롭게 질문하는 연구소이다.
❸ 과학 연구에 필요한 비용을 지원해 주는 정부 기관이다.
❹ 지역사회, 정부, 연구자들이 함께 과학 문제를 해결하는 제도이다.

3) 들은 내용과 같은 것을 고르십시오. (   )

❶ 과학 상점을 이용할 때 어느 정도의 돈을 내야 한다.
❷ 과학 상점은 세계적으로 35개 대학에 만들어져 있다.
❸ 주민들의 세금은 결국 주민들을 위해 다시 쓰이게 된다.
❹ 과학 상점 덕분에 연구자들은 자신들만의 연구에 집중할 수 있다.

4) 과학 상점을 통해 도움을 받는 대상을 쓰십시오.

❶
❷
❸

03-07 7. **다음 그림을 보면서 이야기를 듣고 질문에 대답하십시오.**

기관	표면	경계	세부적	수술	암술	번식	담당하다	향료	제공하다

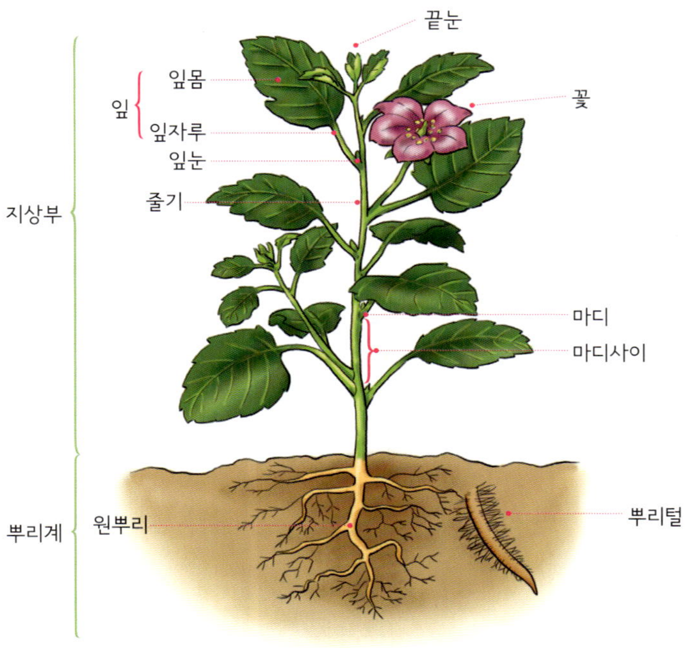

〈 (   )의 (   ) 〉

들으면서 내용을 쓰십시오.

- 오늘의 강의 주제는?
- 이 그림은?
- 땅 표면에 나와 있는 부분 : ______________ (　　,　　)
- 땅 속에 있는 부분 : ______________ (　　　)
- 줄기, 잎, 뿌리는 ____________ 기관, 꽃은 ____________ 기관
- 식물의 각 기관의 이용

❶ 잎 :

❷ 줄기 :

❸ 뿌리 :

❹ 꽃/열매 :

다시 듣고 질문에 대답하십시오.

1) 위 그림의 제목을 쓰십시오.

〈(　　　　)의 (　　　　　)〉

2) 이 강의에서는 무엇을 이야기하고 있습니까? (　　)

❶ 식물의 중요성에 대해서 강조하고 있다.
❷ 식물의 모양의 특징에 대해서 설명하고 있다.
❸ 식물의 기관과 활용에 대해서 설명하고 있다.
❹ 인간과 식물의 관계에 대해서 이해시키고 있다.

3) 들은 내용과 같은 것을 고르십시오. (   )

❶ 꽃은 식물의 번식을 담당한다.
❷ 호박은 식물의 잎이 변한 것이다.
❸ 식물의 줄기는 씨를 만드는 기관이다.
❹ 지상부는 뿌리와 줄기로 이루어져 있다.

4) 잎의 기관과 활용 예를 맞게 연결하십시오.

잎 •	• 사과, 감, 오이
줄기 •	• 시금치, 담배
뿌리 •	• 옷감
꽃 •	• 고구마, 무

5) 여러분이 알고 있는 식물의 활용 예를 이야기해 보십시오.

정리해 봅시다

들은 내용에서 시각 자료를 설명할 때 사용된 표현이 무엇이었는지 이야기해 보십시오.

04 핵심 정보 및 내용 듣기

학습목표 : 강의나 토론을 들으면서 핵심 내용을 파악할 수 있다.

MP3_4

준비해 봅시다 04-00

도움말

- 강의를 들을 때 보충적인 내용과 핵심이 되는 내용을 구별해야 함.
- 화자가 전달하려는 정보, 이유, 개념 등의 내용을 파악하면서 들어야함.

들은 내용에서 가장 핵심적인 내용을 찾아보십시오. (   )

❶ 잘 자는 것이 얼마나 중요한가?
❷ 잠자는 시간을 어떻게 보냈는가?
❸ 인간의 수면 시간은 얼마나 되는가?
❹ 잠자는 시간과 깨어 있는 시간은 어떤 관계가 있는가?

들어 봅시다 04-01 ~ 07

04-01 1. 다음을 듣고 질문에 대답하시오.

차도르	터번	코란	창시자	퍼져 나가다	복장

1) 들은 내용에서 가장 중요한 단어는 무엇입니까? (   )

❶ 종교와 기후　❷ 종교와 의상　❸ 지역과 기후　❹ 의상과 기후

2) 이 강의에서 말하려고 하는 것은 무엇입니까? (   )

❶ 이슬람 국가의 종교의 영향
❷ 이슬람 국가의 종교와 기후의 관계
❸ 이슬람 국가에서 남녀 차별이 생긴 원인
❹ 이슬람 국가에서 차도르와 터번을 사용하는 이유

3) 들은 내용과 같으면 ○, 다르면 × 하십시오.

❶ 터번은 추운 날씨 때문에 하게 된 것이다. ( )
❷ 이슬람교는 기후 때문에 생겨나게 되었다. ( )
❸ 차도르는 이슬람 성경 코란을 따른 것이다. ( )

04-02 2. **다음을 듣고 질문에 대답하십시오.**

건축물	양식	진주	규모	과장되다

1) 들은 내용에서 가장 중요한 단어는 무엇입니까? ( )

❶ 베르사유 궁전 ❷ 바로크 양식 ❸ 로코코 양식 ❹ 17세기 건축

2) 무엇에 대한 강의입니까? ( )

❶ 로코코 양식의 특징 ❷ 바로크 양식의 특징
❸ 17세기 유럽의 유행 스타일 ❹ 17~18세기 유럽 건축물의 특징

3) 들은 내용과 같으면 ○, 다르면 × 하십시오.

❶ 로코코 양식은 바로크 양식에 영향을 주었다. ( )
❷ 바로크 양식은 17세기 건축 기술을 나타내는 말이다. ( )
❸ 바로크 양식으로 지은 건축물은 매우 크고 화려하다. ( )

04-03 3. **다음을 듣고 질문에 대답하십시오.**

산물	생산되다	평평하다	비롯하다	귀하다

1) 들은 내용에서 가장 중요한 단어는 무엇입니까? ( )

❶ 땅과 곡식 ❷ 지역과 산물 ❸ 평야와 쌀 ❹ 바다와 수산물

2) 무엇에 대한 강의입니까? (　　)

❶ 한국의 지역에 따른 특징
❷ 한국 지역 특산물의 종류
❸ 한국의 지역별 환경과 특산물
❹ 한국의 다양한 지역 형성 원인

3) 각 지역의 산물을 맞게 연결해 보십시오.

경기도 •	• 귤, 바나나, 수산물
강원도 •	• 감자, 옥수수
전라도 •	• 쌀, 각종 과일과 농산물
제주도 •	• 쌀, 보리, 콩

04-04 **4. 다음을 듣고 질문에 대답하십시오.**

공익　기능　전달　설득　오락

들으면서 내용을 쓰십시오.

• 광고란? : ______________________________

• 광고의 종류 : __________ 광고, __________ 광고, __________ 광고

• 광고의 기능 : ❶ ______________________________

❷ ______________________________

❸ ______________________________

다시 듣고 질문에 대답하십시오.

1) 이 강의에서 가장 중요한 내용은 무엇입니까? (　　)

❶ 광고의 정의　❷ 광고의 효과
❸ 광고의 종류　❹ 광고의 기능

2) 들은 내용으로 알 수 **없는** 것은 무엇입니까? (　　)

❶ 너무 많은 광고는 광고 효과가 없다.
❷ 광고는 사회적 이익을 위해 이용되기도 한다.
❸ 사람들은 물건을 살 때 광고의 도움을 받는다.
❹ 사람들은 일상생활에서 늘 광고의 영향을 받고 있다.

3) 들은 내용과 같은 것을 고르십시오. (　　)

❶ 광고는 사람들을 즐겁게 만든다.
❷ 우리가 제일 많이 보는 것은 기업 광고이다.
❸ 우리는 대부분의 광고를 TV를 통해서 만난다.
❹ 광고를 보면 인기 스타들의 요즘 생활을 알 수 있다.

4) 광고의 기능과 그 예를 맞게 연결하십시오.

정보 전달 기능 •	• 자기가 좋아하는 스타들을 볼 수 있다.
설득 기능 •	• 사람들이 상품에 관심을 갖게 한다.
오락 기능 •	• 새로 나온 상품을 소개한다.

04-05 **5. 다음 대화를 듣고 질문에 대답하십시오.**

산업혁명　　경쟁적　　추진하다　　부수다　　파괴하다

들으면서 내용을 쓰십시오.

• 영수 의견 : ______________________

ex) 러다이트 운동 : ______________________

• 미선 의견 : ______________________

• 웨이 의견 : ______________________

04 핵심 정보 및 내용 듣기

● 다시 듣고 질문에 대답하십시오.

1) 들은 내용에서 가장 중요한 단어는 무엇입니까? (　　)

❶ 산업혁명　❷ 일자리　❸ 기계　❹ 사회운동

2) 세 사람은 무엇에 대해서 토론하고 있습니까? (　　)

❶ 러다이트 사회운동　❷ 산업혁명의 문제점
❸ 산업혁명의 장점과 단점　❹ 19세기 영국의 일자리 문제

3) 들은 내용과 맞는 것을 고르십시오. (　　)

❶ 산업혁명은 당시 사람들에게 환영받지 못했다.
❷ 산업혁명으로 현대의 사람들도 불편함을 겪고 있다.
❸ 산업혁명은 모든 사람들의 이익을 위해서 시작된 것이다.
❹ 산업혁명으로 19세기 영국 사람들은 많은 일자리가 생겼다.

4) 세 사람의 의견을 다음 표에 정리해 보십시오.

부정적 의견	긍정적 의견
(이름)	(이름)
(내용)	(내용)

04-06 6. **다음을 듣고 질문에 대답하십시오.**

전망	안정적	만족도	설문조사	어차피

들으면서 내용을 쓰십시오.

- 학생들의 질문 : ____________ 는 직업? ____________ 는 직업?
  → 대답 :
- 강연자의 경험 :
  → 결론 :
- 직업 만족도 설문조사
  (만족 직업) ____________ , ____________ , ____________
  (불만족 직업) ____________ , ____________ 등
- 이 결과로 볼 때 직업이란?
  ____________ 는 것, ____________ 는 것, ____________ 는 것

다시 듣고 질문에 대답하십시오.

1) 들은 내용에서 가장 핵심이 되는 단어는 무엇입니까? (　　)

❶ 전망　　❷ 직업　　❸ 졸업　　❹ 경제

2) 이 강의에서는 무엇을 이야기하고 있습니까? (　　)

❶ 인생에서 성공하는 방법
❷ 사회생활을 할 때 주의할 점
❸ 전망 있는 직업을 선택하는 방법
❹ 직업을 선택할 때 생각해야 할 것

3) 강연자에 대해 맞게 설명한 것을 고르십시오. (　　)

❶ 대학교 졸업을 앞둔 학생이다.
❷ 미국에서 공부를 한 일이 있다.
❸ 앞으로 어느 회사가 전망이 있을지 알고 있다.
❹ 미국에서 제일 큰 회사에 취직을 한 일이 있다.

4) 들은 내용과 같은 것을 고르십시오. (　　)

❶ 직업의 전망은 아무도 알 수 없다.
❷ 의사들은 대부분 자기 직업에 만족한다.
❸ 지금 안정적인 회사에 들어가는 것이 좋다.
❹ 즐겁게 일할 수 있는 일이 돈도 많이 번다.

04-07 **7. 다음을 듣고 질문에 대답하십시오.**

IT	분야	진정하다	유익하다	상식	실험실	소통하다

● 들으면서 내용을 쓰십시오.

강의 제목 : ____________

- 오늘 말하려고 하는 것 : ____________
  → 21세기 : ______
  → 21세기형 전문가는? : ______
- 1980년대 어떤 방송에서 있었던 일 :
- 21세기형 전문가의 의미 : ____________
  ❶ ____________
  ❷ ____________
  ❸ ____________

○ 다시 듣고 질문에 대답하십시오.

1) 들은 내용에서 가장 핵심이 되는 단어는 무엇입니까? (　　)

❶ 전문가　　❷ IT 분야　　❸ 전문지식　　❹ 21세기

2) 무엇에 대한 이야기입니까? (　　)

❶ IT 전문가가 되는 방법은?
❷ 진정한 21세기형 전문가란?
❸ 전문지식이 필요한 이유는?
❹ 국민들에게 필요한 의사란?

3) 이 강의는 무엇을 하고 있습니까? (　　)

❶ 어떤 것에 대해 주의를 주고 있다.
❷ 어떤 것에 대한 감상을 하고 있다.
❸ 어떤 것에 대한 설명을 하고 있다.
❹ 어떤 것에 대해 비평을 하고 있다.

4) 들은 이야기와 같은 것을 고르십시오. (　　)

❶ 이 시대에는 전문가들끼리만 통하는 지식은 도움이 되지 않는다.
❷ 전문가들의 역할은 실험실이나 연구실에서 좋은 결과를 내는 일이다.
❸ 일반 사람들은 전문가들이 알고 있는 전문 지식까지 알 필요는 없다.
❹ 21세기의 의사들은 병원에 오는 환자들을 잘 치료하는 것이 제일 중요하다.

5) 다음의 전문가들은 21세기에 어떻게 달라져야 한다고 생각합니까?
여러분의 의견을 말해 보십시오.

- 예술가(음악가, 화가, 영화감독 등)
- 법조인(변호사, 검사, 판사 등)
- 교수

04 핵심 정보 및 내용 듣기

정리해 봅시다

들은 내용에서 전하려고 한 핵심 내용은 정보, 이유, 개념 중에서 어느 것이었는지 이야기해 보십시오.

05 용어 및 개념 듣기

학습목표 : 내용을 듣고 주요 용어 및 개념을 이해할 수 있다.

MP3_5

준비해 봅시다 05-00

도움말

- 중요한 용어나 개념을 파악하면 강의 내용을 잘 이해 할 수 있음.
- 용어나 개념을 나타나는 표지의 예
  –(이)란 –이다
  –은/는 –을/를 말한다
  –은/는 –을/를 이른다

들은 내용에서 개념을 설명하고 있는 부분을 찾아 보십시오. ( )

❶ 앤디 워홀이라는 화가가 있었습니다.
❷ 이 화가는 마릴린 몬로의 사진을 다시 여러 색깔로 복제했습니다.
❸ 그것은 그녀의 사진 즉 벌써 한 번 복제된 것을 다시 복제한 것입니다.
❹ 시뮬라크르란 실재가 아니라 복제한 것을 다시 복제한 것을 말합니다.

들어 봅시다 05-01 ~ 07

05-01 1. 다음을 듣고 질문에 대답하십시오.

대중	시사적이다	매체	인쇄 매체	시청각 매체	여가시간

1) 들은 내용에서 설명하는 주요 개념은 무엇입니까? ( )

❶ 매스 미디어 ❷ 대중문화 ❸ 근대사회 ❹ 미디어의 시대

2) 들은 내용의 중심 내용은 무엇입니까? (   )

❶ 매스 미디어는 대중을 교육하는 매체이다.
❷ 19세기부터 시청각 매체가 발달하기 시작했다.
❸ 현대 사회에서는 매스 미디어의 영향이 커지고 있다.
❹ 대중들은 생각을 표현하기 위해서 매스 미디어를 이용한다.

3) 들은 내용과 같으면 ○, 다르면 × 하십시오.

❶ 매스 미디어의 발달은 도시화와 관계가 있다. (   )
❷ 20세기에 처음으로 매스 미디어가 사용되기 시작했다. (   )
❸ 매스 미디어는 시청각 매체와 인쇄 매체로 나누어진다. (   )

05-02 **2. 다음을 듣고 질문에 대답하십시오.**

사회화   성장   관습   학습   규칙

1) 들은 내용에서 설명하는 '사회화'의 개념을 요약해 보십시오.

사회화란 아이가 성장 과정에서 다른 사람과 함께 살아가는 데 필요한 (   )을/를 배우고, (   )을/를 학습하는 과정을 말한다.

2) 들은 내용을 통해서 알 수 **없는** 것은 무엇입니까? (   )

❶ 사회화 과정은 죽을 때까지 계속 된다.
❷ 사회화를 통해서 성격을 변화시킬 수도 있다.
❸ 사회화를 통해서 사회의 문화를 모방하게 된다.
❹ 아이는 사회화를 통해서 엄마로부터 독립하게 된다.

3) 들은 내용과 같으면 ○, 다르면 × 하십시오.

❶ 사회화는 가정에서는 이루어지지 않는다. ( )
❷ 다른 사람들은 아이의 사회화에 영향을 미친다. ( )
❸ 성장할수록 사회화에 영향을 주는 사람은 많아진다. ( )

05-03 **3. 다음을 듣고 질문에 대답하십시오.**

전통적	경제관	간섭하다	내버려두다	공급	합리	소비자	판매자	추구하다

1) 다음 ( )에 맞는 것을 쓰십시오.

애덤 스미스는 국가가 개입하지 않아도 ( )에 의해서 자연스럽게 시장 경제가 형성된다고 보았다.

2) 들은 내용에 대한 설명으로 맞는 것은 무엇입니까? ( )

❶ 전통적인 경제학에 대해서 설명하고 있다.
❷ 경제학에서 사용되는 개념을 설명하고 있다.
❸ 경제 발전을 위한 국가의 정책에 대해서 주장하고 있다.
❹ 시장 경제를 만들기 위해서는 국가가 필요하다고 주장하고 있다.

3) 들은 내용과 같으면 ○, 다르면 × 하십시오.

❶ 과거에는 국가가 가격 결정에 간섭하지 않았다. ( )
❷ 애덤 스미스는 현대적인 경제의 개념을 만든 학자이다. ( )
❸ 애덤 스미스에 의하면 가격은 소비자와 판매자에 의해서 결정된다. ( )

05-04 4. 다음을 듣고 질문에 대답하십시오.

상대주의 다양성 독특하다 경쟁 특수하다 부정하다 자민족중심주의 충돌하다

● 들으면서 내용을 쓰십시오.

- 문화상대주의란?
- 루스 베네딕트의 관점 :
- 문화 상대주의의 장단점 :

  유용성 –

  한계 –
- 문화상대주의의 부정 → 그 결과 :

● 다시 듣고 질문에 대답하십시오.

(　　　　　)이란/란 여러 문화의 다양성을 인정하고 각 문화를 독특한 환경과 역사적, 사회적 환경에서 이해해야 한다는 관점을 말한다.

1) 들은 내용에서 주요 개념을 찾아 써 보십시오.

2) 강연자의 생각이 아닌 것은 무엇입니까? (　　)

❶ 자기 민족의 문화를 지키기 위해서 노력해야 한다.
❷ 문화상대주의 관점으로 설명되지 않는 문화도 있다.
❸ 문화상대주의는 다른 문화를 이해하는 데 도움이 되는 관점이다.
❹ 문화상대주의 관점이 없으면 문화 사이에 충돌이 일어날 수 있다.

3) 들은 내용과 맞는 것을 고르십시오. (   )

❶ 문화상대주의의 장단점에 대해 말하고 있다.
❷ 하나의 문화가 다른 문화보다 낫다고 말하고 있다.
❸ 문화상대주의의 문제점을 말하기 위해서 예를 들고 있다.
❹ 문화의 다양성을 인정해야 한다는 것에 대해서 말하고 있다.

4) 들은 내용과 같으면 ○, 다르면 × 하십시오.

❶ 협동은 모든 문화에서 중요한 가치로 생각되고 있다. (   )
❷ 베네딕트는 인간의 행위가 하나로 해석된다고 보았다. (   )
❸ 문화상대주의를 부정하면 문화의 충돌이 생길 수도 있다. (   )

05-05 **5. 다음을 듣고 질문에 대답하십시오.**

동경	진출하다	관점

● 들으면서 내용을 쓰십시오.

• '오리엔탈리즘'이란?

• 과거의 오리엔탈리즘 :

• 사이드의 오리엔탈리즘 :

• 사이드가 비판한 오리엔탈리즘에 나타난 서양인의 의식 :

● 다시 듣고 질문에 대답하십시오.

1) 현대의 오리엔탈리즘 개념으로 맞는 것은 무엇입니까? (　　)

❶ 동양 문화에 대한 서양인의 관심을 말한다.
❷ 동양에 대한 서양인들의 우월한 시각을 말한다.
❸ 서양인들이 동양의 문화를 따라하는 것을 말한다.
❹ 서양을 따라 하려는 동양 사람들의 사고방식을 말한다.

2) 들은 내용에 들어가지 **않는** 내용은 무엇입니까? (　　)

❶ 오리엔탈리즘의 정의
❷ 오리엔탈리즘의 가치
❸ 오리엔탈리즘의 개념 변화
❹ 오리엔탈리즘에 대한 비판

3) 에드워드 사이드는 왜 오리엔탈리즘을 비판했습니까? (　　)

❶ 동양을 신비화했기 때문에
❷ 서양이 동양을 아름답게 묘사했기 때문에
❸ 서양인의 눈으로 동양을 바라봤기 때문에
❹ 동양에 대한 잘못된 이미지를 만들어냈기 때문에

4) 들은 내용과 **다른** 것을 고르십시오. (　　)

❶ 오리엔탈리즘은 동양 문화를 이해하는 데 도움을 준다.
❷ 오리엔탈리즘에 대한 비판이 나타난 것은 20세기부터였다.
❸ 오리엔탈리즘은 처음에 예술가들의 작품을 설명하는 말이었다.
❹ 서양인의 눈으로 볼 때 동양은 비문명적인 것으로 인식되었다.

05-06 6. **다음을 듣고 질문에 대답하십시오.**

일탈	규범	벗어나다	범죄	중독	폭력	반응

들으면서 내용을 쓰십시오.

- 일탈이란?
- 일탈에 대한 전통적인 관점 :
- 1960년대 이후 일탈에 대한 질문

❶

❷

다시 듣고 질문에 대답하십시오.

1) 들은 내용에서 중요 개념에 대한 설명을 써 보십시오.

(　　　　)이란/란 사회적 규범에서 벗어나는 행동을 의미한다.

2) 중심 내용은 무엇입니까? (　　)

❶ 사회적 규범은 어느 시대에나 변하지 않는다.
❷ 일탈 행위에 대한 연구는 1960년대에 시작되었다.
❸ 일탈 행위에는 사회의 가치에 벗어나는 행위만을 의미한다.
❹ 일탈을 결정하는 것은 그 행동에 대한 다른 사람들의 반응이다.

3) 들은 내용과 **다른** 것은 무엇입니까? (　　)

❶ 사회마다 일탈에 대한 생각이 다르다.
❷ 일탈자는 사회의 사람들에게 위험한 사람으로 인식된다.
❸ 폭력적인 언어를 사용하는 것은 일탈 행위라고 할 수 없다.
❹ 재산을 훔치는 것이 일탈 행위로 생각되지 않는 사회도 있다.

4) 다음 중 일탈 행위가 **아닌** 것은 무엇입니까? (　　)

❶ 술을 많이 마셔서 알코올에 중독되었다.
❷ 학생들이 교실에서 친구들에게 욕을 하였다.
❸ 컴퓨터 게임에만 몰두하여 식사를 제대로 하지 않는다.
❹ 중학생들이 어린 아이를 때리고 돈을 빼앗는 일이 있었다.

05-07 **7. 다음을 듣고 질문에 대답하십시오.**

열광하다	본성	창조 활동	풍부하다	순수하다	쫓겨나다	대결

들으면서 내용을 쓰십시오.

- 호이징거의 책 :
- 호모 루덴스의 의미 :
- 놀이란 ?
- 놀이의 특징
  - –
  - –
  - –

05 용어 및 개념 듣기

다시 듣고 질문에 대답하십시오.

1) '호모 루덴스'는 무슨 뜻입니까? 쓰십시오.

( )

2) 들은 내용은 무엇에 대한 이야기입니까? ( )

❶ 축구의 규칙
❷ 놀이와 문화
❸ 놀이의 특징
❹ 축구를 좋아하는 이유

3) 들은 내용에 대한 설명으로 맞지 **않는** 내용은 ? ( )

❶ 놀이를 통해서 인간의 특징을 설명하였다.
❷ 구체적인 예를 들어서 놀이의 특징을 설명하였다.
❸ 놀이의 필요성에 대한 생각을 논리적으로 주장했다.
❹ 중요 개념을 설명하기 위해서 책의 내용을 인용하였다.

4) 들은 내용과 같은 것을 모두 고르십시오. (,)

❶ 놀이는 시간을 낭비하는 행위이다.
❷ 일상생활을 즐겁게 하면 놀이가 된다.
❸ 인간의 문화는 놀이를 통해서 만들어진다.
❹ 놀이를 하기 위해서는 규칙을 지켜야 한다.

5) 들은 내용에 따라 다음에 나타난 놀이의 특징을 이야기해 보십시오.

한국의 전통놀이 중 하나인 윷놀이는 설날이나 대보름, 추석 등 명절에 남녀노소 누구나 어울려 즐기는 놀이이다. 윷놀이는 윷과 윷판 및 윷말만 있으면 어디에서나 할 수 있다. 윷과 말이 준비되면 팀을 나누어 진행한다. 규칙은 매우 간단하다. 윷을 던져 나온 수에 따라서 따라 윷말을 움직여서 도착하면 승리하는 것이다.

정리해 봅시다

들은 내용에서 핵심 용어나 개념을 설명하기 위해서 어떤 표현을 사용했는지 이야기해 보십시오.

06 강의 전개 방식 이해하기

학습목표 : 강의의 전개 방식을 파악하여 내용을 이해할 수 있다.

MP3_6

준비해 봅시다 06-00 ~ 02

도움말

- 강의가 전개되는 방식을 이해하면 내용을 쉽게 파악할 수 있음.
- 강의를 전개하는 방식에는 비교 · 대조, 정의, 나열, 예시, 분류, 인용, 인과 등의 방법이 있음.

다음을 듣고 강의 전개에 사용된 방식을 보기에서 찾아 쓰십시오.

보기

비교 · 대조	정의	나열	예시	분류	인용	인과

❶ (　　　　) ❷ (　　　　) ❸ (　　　　)

들어 봅시다 06-03 ~ 09

06-03 1. 다음을 듣고 질문에 대답하십시오.

일상	온도	기온	식다	이동하다

1) 강의에서 사용된 방식이 아닌 것을 고르십시오. (　　)

❶ 예시 ❷ 정의 ❸ 비교 · 대조 ❹나열

2) 강의의 주제는 무엇입니까? (　　)

❶ 온도와 열이란 무엇인가?
❷ 온도와 열은 어떤 관계가 있는가?
❸ 열은 왜 뜨거운 곳에서 찬 곳으로 이동하는가?
❹ 기온과 체온은 어떻게 숫자로 나타내나?

3) 들은 내용과 같으면 ○, 다르면 × 하십시오.

❶ 온도는 우리 몸이 느끼는 덥고 찬 정도를 말한다. ( )
❷ 뜨거운 것이 점점 식는 것은 온도가 이동하기 때문이다. ( )
❸ 열은 움직이는 성질이 있다. ( )

06-04 **2. 다음을 듣고 질문에 대답하십시오.**

혼합하다 엉기다 덩어리

1) 강의에서 사용된 방식을 모두 고르십시오. (,)

❶ 비교 ❷ 나열 ❸ 인과 ❹ 분류

2) 강의의 주제는 무엇입니까? ( )

❶ 혈액형과 건강 ❷ ABO식 혈액형
❸ 혈액형의 구분 ❹ 혈액의 성질

3) 들은 내용과 같으면 ○, 다르면 × 하십시오.

❶ 란트슈타이너는 혈액형을 분류하기 위해서 여러 사람의 혈액을 혼합했다. ( )
❷ 혈액의 성질을 이용해서 혈액형을 나눌 수 있다. ( )
❸ 혈액형에는 모두 네 가지가 있다. ( )

06-05 **3. 다음을 듣고 질문에 대답하십시오.**

명품 효과 실용적

1) 강의에서 사용된 방식을 모두 고르십시오. (,)

❶ 나열 ❷ 인용 ❸ 정의 ❹ 분류

2) 강의의 제목으로 적당한 것을 고르십시오. (　　)

❶ 명품은 왜 비싼가?
❷ 사람들은 왜 명품을 좋아하나?
❸ 명품은 어떤 점이 다른가?
❹ 명품은 언제부터 생겼나?

3) 들은 내용과 같으면 ○, 다르면 × 하십시오.

❶ 사람들은 보통 물건보다 쓰기 편하고 질이 좋아서 명품을 산다. (　)
❷ 베블런 효과란 다른 사람에게 보이기 위해 물건을 사는 것을 말한다. (　)
❸ 애덤스미스는 사람들이 자신의 사회적 욕망을 위해 소비한다고 했다. (　)

06-06 **4. 다음을 듣고 질문에 대답하십시오.**

혼용하다	담	상징적	일치시키다

○ 들으면서 내용을 쓰십시오.

– 서울의 역사
– 서울의 고궁 :
– 궁 :
– 궐 :
– 전 :
– 동궁 :
  • 동궁의 규모 :
  • 동쪽에 있는 이유 :

○ 다시 듣고 질문에 대답하십시오.

1) 강의에서 사용된 방식을 모두 고르십시오. (　　,　　)

❶ 예시　❷ 인용　❸ 인과　❹ 대조

2) 강의의 제목으로 적당한 것을 고르십시오. (　　)

❶ 서울의 고궁　　❷ 고궁의 역사와 멋
❸ 조선의 수도, 서울　　❹ 아름다운 한국의 궁

3) 광화문은 다음 중 어느 것에 해당합니까? (　　)

❶ 궐　　❷ 전　　❸ 동궁　　❹ 궁

4) 들은 내용과 같으면 ○, 다르면 × 하십시오.

❶ 궁, 궁궐, 궁전은 모두 같은 말이다. (　　)
❷ 동궁의 규모는 꽤 컸을 거라고 추측된다. (　　)
❸ 궁은 왕의 자녀들이 살던 곳을 말한다. (　　)

06-07 **5. 다음을 듣고 질문에 대답하십시오.**

열등감　　긍정적　　결점　　용기　　극복하다

● 들으면서 내용을 쓰십시오.

– 알프레드 아들러 :

– 열등감 :

– 어린 시절의 경험 :

– 건강한 인격 :

– 건강하지 못한 인격 :

06 강의 전개 방식 이해하기

○ 다시 듣고 질문에 대답하십시오.

1) 강의에서 사용된 방식을 고르십시오. (　　)

❶ 정의　❷ 인용　❸ 비교　❹ 분류

2) 강의의 제목으로 적당한 것을 고르십시오. (　　)

❶ 아들러의 일생　❷ 열등감 극복 방법
❸ 성숙한 인격　❹ 열등감의 원인

3) 아들러에 대한 설명으로 맞지 **않는** 것은 무엇입니까? (　　)

❶ 유명한 심리학자이다.　❷ 의사이다.
❸ 열등감이 많았다.　❹ 현실을 회피하려고 노력했다.

4) 들은 내용과 **다른** 것을 고르십시오. (　　)

❶ 현실을 인정하는 것이 중요하다.
❷ 열등감 때문에 더 발전할 수도 있다.
❸ 목표를 세우고 노력하는 것이 중요하다.
❹ 열등감을 갖지 않도록 하는 것이 중요하다.

06-08 6. **다음을 듣고 질문에 대답하십시오.**

논리적	분석적	창의적	지배하다	균형

들으면서 내용을 쓰십시오.

- 뇌
  - 좌뇌 :
  - 우뇌 :
- 왼손잡이
- 학교에서 요구하는 능력 :
- 예술가들 :
- 부모님 교육 :
- 문제점 :

다시 듣고 질문에 대답하십시오

1) 강의에서 사용되지 **않은** 방식을 고르십시오. (　　)

❶ 나열　❷ 인용　❸ 비교 · 대조　❹ 분류

2) 좌뇌형 사람의 직업으로 잘 맞는 것은 무엇입니까? (　　)

❶ 교수　❷ 가수　❸ 화가　❹ 소설가

3) 들은 내용과 같으면 ○, 다르면 × 하십시오.

❶ 우뇌가 잘 발달할 수 있도록 자녀를 교육하는 것이 중요하다. (　)
❷ 훌륭한 예술가들은 대개 좌뇌형이 많다. (　)
❸ 좌뇌형이 우뇌형보다 학교 성적이 좋다. (　)

4) 부모님들은 왼 왼손잡이 자녀에게 오른손을 쓰도록 교육했습니까?

(　　　　　　　　　　　　　　　　　　　　)

06 강의 전개 방식 이해하기

06-09 7. 다음을 듣고 질문에 대답하십시오.

통합되다	통신	등장하다	활성화	산업	약소국	선진국

들으면서 내용을 쓰십시오.

– 세계화란?

– 세계화 등장의 이유

❶ ❷ ❸

– 세계화의 예 :

– 세계화의 문제점 :

다시 듣고 질문에 대답하십시오

1) 강의에서 설명한 것이 **아닌** 것을 고르십시오. ( )

❶ 세계화의 정의 ❷ 세계화의 원인
❸ 세계화의 예시 ❹ 세계화의 분류

2) 세계화가 등장하게 된 원인으로 볼 수 **없는** 것은 무엇입니까? ( )

❶ 비행기 ❷ 컴퓨터 ❸ 휴대전화 ❹ 디지털 카메라

3) 들은 내용과 같은 것을 고르십시오. ( )

❶ 세계화는 강한 나라에게 더 유리하다.
❷ 세계화는 문화에 가장 큰 영향을 끼친다.
❸ 세계화는 문제점도 있지만 장점이 더 많다.
❹ 세계 무역 기구는 약한 나라를 보호하는 역할을 한다.

4) 들은 내용과 같으면 ○, 다르면 × 하십시오.

❶ 통신의 발달은 나라와 나라간의 공간적 거리를 단축시켰다. (   )
❷ WTO는 국가 간의 무역을 활성화시켰다. (   )
❸ 세계화는 후진국이 경제 발전을 이루는데 긍정적인 역할을 할 것이다. (   )

5) 세계화의 장점과 문제점을 정리하고 친구들과 찬반 두 팀으로 나누어 토론해 보십시오.

정리해 봅시다

들은 내용에서 강의 전개 방식(비교 · 대조, 정의, 나열, 예시, 분류, 인용, 인과)에 사용된 표현이 무엇이었는지 이야기해 보십시오.

07 화제 전환 이해하기

학습목표 : 강의나 강연을 들으면서 화제 전환 표지를 이해하고 전환 지점을 파악하여 내용을 이해할 수 있다.

MP3_7

준비해 봅시다 07-00~02

도움말

- 화제가 전환되는 부분을 주의해서 들으면 강의나 강연의 흐름을 잘 파악할 수 있음.
- 화제 전환을 나타내는 표지의 예

그런데 지금부터는 그럼 다음은 이번에는

다음 세 개의 이야기를 듣고 화제가 전환되는 부분이 들어 있는 것에 ✓표 하십시오.

❶ ☐ ❷ ☐ ❸ ☐

들어 봅시다 07-03 ~ 09

07-03 1. 다음을 듣고 질문에 대답하십시오.

삼국시대 형태 절이다 동치미

1) 무엇에서 무엇으로 화제가 전환되고 있습니까?

김치의 ( ) ➡ 김치의 ( )

2) 화제 전환 표시로 사용된 것은 무엇입니까? ( )

❶ 주로 ❷ 먼저 ❸ 그리고 ❹ 그럼

3) 들은 내용과 같으면 ○, 다르면 × 하십시오.

❶ 삼국 시대에는 간단한 방법으로 김치를 담가 먹었다. ( )
❷ 빨간 김치는 고려시대 때부터 있었다. ( )
❸ 김치에 대한 기록은 남아있지 않다. ( )

07-04 **2. 다음을 듣고 질문에 대답하십시오.**

원숭이	꿀벌	의사소통	우수하다	한계

1) 무엇에서 무엇으로 화제가 전환되고 있습니까?

인간 언어의 특성 ➡ 인간 언어의 (　　　　　)

2) 화제 전환 표지로 사용된 것은 무엇입니까? (　　)

❶ 물론　❷ 이번에는　❸ 그러니까　❹ 이만큼

3) 들은 내용과 같으면 ○, 다르면 × 하십시오.

❶ 꿀벌은 의사소통을 할 수 있다. (　)
❷ 사람이 문화를 발전시킬 수 있는 것은 언어 덕분이다. (　)
❸ 사람은 모든 생각과 느낌을 언어로 전달할 수 있다. (　)

07-05 **3. 다음을 듣고 질문에 대답하십시오.**

국가론	근대	권력	행정	토지	다스리다	주체	요소

1) 무엇에서 무엇으로 화제가 전환되고 있습니까?

국가의 정의 ➡ 국가의 (　　　　　)

2) 화제 전환 표지로 사용된 것은 무엇입니까? (　　)

❶ 다음은　❷ 먼저　❸ 그리고　❹ 그 이유는

3) 들은 내용과 같으면 ○, 다르면 × 하십시오.

❶ 국가에 대한 이론이 다양한 것은 학자들의 주장이 다양하기 때문이다. (　)
❷ 근대에서 국가는 권력이 강조되었다. (　)
❸ 현대에서의 국가는 국민을 위해 일하려고 한다. (　)

07-06 4. 다음을 듣고 질문에 대답하십시오.

정신질환	장애	강점	개선	욕구

○ 들으면서 내용을 쓰십시오.

현대 심리학의 초기의 목적 : ______________________

20세기 후반 심리학의 방향 : ______________________

심리학의 목표 : ______________________

__________ 의 개념 : ______________________

__________ 심리학 : ______________________

○ 다시 듣고 질문에 대답하십시오.

1) 무엇에서 무엇으로 화제가 전환되고 있습니까?

심리학의 역사적 발전 과정 ➡ (   )

2) 화제 전환 표지로 사용된 것은 무엇입니까? (   )

❶ 그러나 ❷ 그렇다고 ❸ 다만 ❹ 이제부터는

3) 긍정 심리학에 대한 설명으로 맞는 것은 무엇입니까? (   )

❶ 20세기 초반의 심리학이다.
❷ 인간의 장애 연구에 집중한다.
❸ 인간이 행복한 삶을 살도록 하는 것이 목표다.
❹ 인간의 강점을 발전시키기보다 약점을 개선하려고 한다.

4) 들은 내용과 같으면 ○, 다르면 × 하십시오.

❶ 현대 심리학 초기에는 정신질환 치료에 관심이 많았다. (   )
❷ 20세기 후반에는 천재를 빨리 발견하기 위한 심리학 연구가 많았다. (   )
❸ 발달 심리학에서는 마음의 발달만을 연구 대상으로 한다. (   )

07-07 **5. 다음을 듣고 질문에 대답하십시오.**

보름달	초승달	대칭성	비율

● 들으면서 내용을 쓰십시오.

미인상 : ________________ 으로 다름.

한국

조선시대의 미인 : ________________

현대의 미인 : ________________

기본적인 미인의 조건

____

____

→ ________________ 와/과 관계

● 다시 듣고 질문에 대답하십시오.

1) 화제가 어떻게 전환되고 있습니까? 빈 곳을 채워 봅시다.

시대에 따라 미인상이 다양함.	➡ 화제 전환 표지(　　　　　　)	기본적 미인의 조건

2) 무엇에 대한 내용입니까? (　　)

❶ 미인의 조건
❷ 시대별 미인
❸ 과거의 미인상
❹ 미인과 건강

3) 다음의 미인의 조건이 과거와 관계가 있으면 '과', 현재와 관계가 있으면 '현'이라고 쓰십시오.

보름달 같은 얼굴 ( )	초승달 같은 눈썹( )	
브이 라인의 얼굴 ( )	긴 허리 ( )	
높은 코 ( )	작은 코 ( )	큰 눈 ( )
작은 입 ( )	짧은 팔과 다리 ( )	

4) 기본적 미인의 조건을 모두 고르십시오. (,)

❶ 얼굴이 작다.
❷ 팔과 다리가 길다.
❸ 왼쪽과 오른쪽이 똑같다.
❹ 허리가 엉덩이의 70%이다.

07-08 **6. 다음을 듣고 질문에 대답하십시오.**

관료조직 일 처리 융통성 인력관리 기업주 엄격하다 감독하다 비판

들으면서 내용을 쓰십시오.

애드호크라시
미래학자가 ____________
특징 : ____________

인력관리론
____________ 이론 :
– 인간을 보는 관점 : ____________
– 인사관리 : ____________
____________ 이론 :
– 인간을 보는 관점 : ____________
– 인사관리 : ____________

◎ 다시 듣고 질문에 대답하십시오.

1) 화제가 어떻게 전환되고 있습니까? 빈 곳을 채워 봅시다.

애드호크라시	➡ 화제 전환 표지( )	( )

2) 무엇에 대한 강의입니까? (   )

❶ 조직과 인사관리
❷ 전통과 현대의 조직
❸ 생산 자동화
❹ 인간관의 변화

3) 애드호크라시에 대해 맞지 **않는** 것은 무엇입니까? (   )

❶ 미국의 미래학자가 처음 사용한 용어이다.
❷ 직원들의 지위를 중요하게 생각한다.
❸ 기능을 중심으로 조직된다.
❹ 일 처리가 빠르다.

4) X이론에 대해 맞지 **않는** 것은 무엇입니까? (   )

❶ 직원을 엄격하게 관리하는 이론이다.
❷ 당시의 기업주들의 관점을 정리한 이론이다.
❸ 인간은 명령을 받아야 일하는 존재라고 보았다.
❹ 인간은 일을 통해 자기를 발전시키려고 한다고 보았다.

07-09 7. 다음을 듣고 질문에 대답하십시오.

지능 정의적 인지적 자극 파블로프 침을 흘리다 보상 강화 약화 적응하다

들으면서 내용을 쓰십시오.

– 인간 특성

인간의 지능 –인지적 특성

흥미, 태도, ＿＿＿＿ –정의적 특성

– 학습이란?

＿＿＿＿ 의 결과로 ＿＿＿＿ 이/가 변하는 것

– 학습 이론

1. ＿＿＿＿ 이론

파블로프

개 실험 → 인간도 훈련을 통해 원하는 행동 변화 유도 가능

＿＿＿＿

행동 → 보상 있음 → ＿＿＿＿

행동 → 보상 없음 → ＿＿＿＿

2. ＿＿＿＿ 이론

피아제

학습 : ＿＿＿＿

다시 듣고 질문에 대답하십시오.

1) 화제가 어떻게 전환되고 있습니까? 빈 곳을 채워 보십시오.

인간의 특성	➡ 화제 전환 표지(　　　　　)	(　　　) 이론

2) 무엇에 대한 내용입니까? (　　)

❶ 인간의 지능과 학습　　❷ 인간의 특성과 학습 이론
❸ 동물 실험의 유용성　　❹ 동굴과 인간의 학습의 차이

3) 피아제의 생각으로 맞지 **<u>않는</u>** 것을 고르십시오. (　　)

❶ 인간은 수동적 존재가 아니라 적극적 존재이다.
❷ 인간은 주위 환경에 대해서 스스로 적응해 나가려고 한다.
❸ 인간이 어떤 행동을 했을 때 상을 주면 그 행동이 강화된다.
❹ 인간은 주위 환경의 다양한 정보를 선택해서 지식을 구성한다.

4) 들은 내용과 같으면 ○, 다르면 × 하십시오.

❶ 지능에 대한 정의는 표준화 되어 있다. (　)
❷ 개는 종소리를 듣고 처음에는 침을 안 흘렸다. (　)
❸ 인지이론을 발전시킨 사람은 스키너이다. (　)

5) 여러분은 두 이론 중에서 어느 이론이 맞다고 생각합니까? 이야기해 보십시오.

정리해 봅시다

들은 내용에서 화제를 전환할 때 사용된 표현이 무엇이었는지 이야기해 보십시오.

08 의도 이해하기

학습목표 : 강의, 강연, 발표를 들으면서 화자의 의도를 파악할 수 있다.

MP3_8

준비해 봅시다 08-00

도움말

- 화자의 의도를 파악하면 강의, 강연, 발표의 주제를 깊이 있게 이해할 수 있음.
- 화자가 자신의 의도를 나타내는 방식
  - 비유하기, 예시 들기, 우화나 일화 소개하기,
  - 실험이나 연구 결과 소개하기, 현상 제시하기

들은 이야기에서 한자성어를 소개한 이유는 무엇입니까? (   )

❶ 정부 정책을 비판하려고
❷ 정부 정책을 설명하려고
❸ 정부 정책을 홍보하려고
❹ 정부 정책에 대해 토론하려고

들어 봅시다 08-01 ~ 07

08-01 1. **다음을 듣고 질문에 대답하십시오.**

걱정거리	분석	합치다

1) 연구 자료를 제시한 의도는 무엇입니까? (   )

❶ 걱정의 종류를 분석하려고
❷ 경쟁과 걱정의 관계를 이야기하려고
❸ 걱정을 줄이는 방법을 이야기하려고
❹ 걱정은 쓸데없는 것이 많다는 것을 말하려고

2) 무엇에 대한 이야기입니까? (　　)

❶ 경쟁 사회　❷ 인간의 걱정　❸ 현대인의 일상　❹ 스트레스 극복 방법

3) 들은 내용과 같으면 ○, 다르면 × 하십시오.

❶ 사람들의 96%가 걱정을 많이 한다. (　)
❷ 진짜 걱정해야 할 것은 4%밖에 안 된다. (　)
❸ 일어나지 않을 일에 대한 걱정을 가장 많이 한다. (　)

08-02 **2. 다음을 듣고 질문에 대답하십시오.**

동영상	퍼지다	교육청	체벌

1) 화자의 태도로 맞는 것은 무엇입니까? (　　)

❶ 우호적이다.
❷ 중립적이다.
❸ 가볍게 비판하고 있다.
❹ 강하게 비판하고 있다.

2) 들은 이야기의 주제로 맞는 것은 무엇입니까? (　　)

❶ 가정 폭력 문제　❷ 학교 체벌 문제
❸ 인터넷 사용 문제　❹ 핸드폰 사용 문제

3) 들은 내용과 같으면 ○, 다르면 × 하십시오.

❶ 교원연합회는 체벌에 반대하고 있다. (　)
❷ 학교 폭력에는 학생들 간의 폭력도 포함된다. (　)
❸ 현재 초 · 중 · 고교에서는 체벌이 금지되어 있다. (　)

08-03 3. **다음을 듣고 질문에 대답하십시오.**

진화론	결합하다	윤리	도덕	생식	종족 번식	본능	빅뱅이론

1) 이 사람의 태도로 맞는 것은 무엇입니까? (　　)

❶ 진화론과 신에 대해 중립적이다.
❷ 진화론을 믿고 신을 강하게 부정한다.
❸ 진화론을 강하게 부정하고 신을 믿는다.
❹ 진화론과 신을 모두 강하게 부정하고 있다.

2) 진화심리학에 대한 설명으로 맞는 것은 무엇입니까? (　　)

❶ 문명을 진화의 결과로 본다.
❷ 역사가 매우 오래된 학문이다.
❸ 윤리와 도덕을 신의 가르침으로 본다.
❹ 종교는 진화의 결과에 포함시키지 않는다.

3) 들은 내용과 같으면 ○, 다르면 × 하십시오.

❶ 생물학자는 모두 진화론자이다. (　　)
❷ 진화론과 결합한 학문은 다양하다. (　　)
❸ 과학자들은 신의 존재를 믿지 않는다. (　　)

08-04 **4. 다음을 듣고 질문에 대답하십시오.**

우화	추장	기상청	땔감	엄청나다	신종플루	조류독감	폭등

들으면서 내용을 쓰십시오.

인디언 이야기

____

____

→ 인디언 추장의 딜레마

인디언 추장의 딜레마란 ______________________________

비슷한 예) ______________________________

다시 듣고 질문에 대답하십시오.

1) 인디언 마을 이야기를 한 의도는 무엇입니까? (　　)

❶ 이상기후 현상에 대해 설명하려고
❷ 인간의 비이성적인 행동을 비판하려고
❸ 인간이 느끼는 공포의 원인을 분석하려고
❹ 문화에 따른 사고방식의 차이를 말하려고

2) 무엇에 대한 이야기입니까? (　　)

❶ 한국 학부모의 자녀 사랑
❷ 한국의 고유한 학원 문화
❸ 한국의 지나친 교육열 문제
❹ 한국인들의 합리적인 교육 방식

3) 인디언 마을 이야기에 비유한 것으로 맞지 **않는** 것은 무엇입니까? (　　)

❶ 태풍에 대한 공포
❷ 조류독감에 대한 공포
❸ 한국의 과도한 교육열
❹ 신종플루에 대한 공포

4) (　　) 안을 채우십시오.

'인디언 추장의 딜레마'란 자기들끼리 대화하면서 필요 이상으로 (　　　)을/를 키우고 그것이 원인이 되어 사람들의 행동이 (　　　)이/가 되는 것이다.

08-05 5. **다음을 듣고 질문에 대답하십시오.**

가치관　　원칙　　막대기　　휩쓸리다

● 들으면서 내용을 쓰십시오.

실험 내용

장소 : 회의실

실험 방법 : 팀장이 8명의 사람에게 간단한 질문을 함.

질문 내용 : ______________________________

__________ 이 중 7명은 ______________________ 기로 약속

실험 결과 : ______________________________

○ 다시 듣고 질문에 대답하십시오.

1) 실험 이야기를 한 의도는 무엇입니까? (　　)

❶ 인간의 행동 양식들을 비교하려고
❷ 인간 행동의 동기를 분석하려고
❸ 인간 행동의 결과를 예측하려고
❹ 인간 행동의 특성을 알려주려고

2) 무엇에 대한 이야기입니까? (　　)

❶ 인간의 가치관과 생각
❷ 상황의 부정적인 영향
❸ 인간의 생각이 상황에 미치는 힘
❹ 상황이 인간의 행동에 미치는 힘

3) 사람들은 보통 어떻게 생각합니까? (　　)

❶ 누구나 상황에 휩쓸릴 수 있다.
❷ 나는 내 원칙과 신념대로 살아간다.
❸ 주위 사람들과 같은 생각을 해야 한다.
❹ 나는 보통 주위 사람들의 말을 따른다.

4) 들은 내용과 같으면 ○, 다르면 × 하십시오.

❶ 마지막 사람은 답을 잘 몰랐다. (　)
❷ 분명한 대답이 없는 실험이었다. (　)
❸ 7명은 모두 일부러 틀린 답을 말했다. (　)

08-06 6. **다음을 듣고 질문에 대답하십시오.**

식민 시대	근대사	불신	선거	투표	진지하다

● 들으면서 내용을 쓰십시오.

한국 역사 : ____________________

정치인의 모습 : ____________________ → 정치에 대한 불신

국민들이 정치를 불신하는 모습

TV : ____________________

선거날 : ____________________

국민은

____________________?

____________________?

등의 질문에 대답할 수 있어야 함.

● 다시 듣고 질문에 대답하십시오.

1) 정치를 불신하는 국민들의 모습에 대해 이야기한 의도는 무엇입니까? (   )

❶ 국민들의 책임을 환기시키려고
❷ 국민들의 행동을 설명하려고
❸ 국민들의 생각을 소개하려고
❹ 국민들의 권리를 제한하려고

2) 무엇에 대한 이야기입니까? (   )

❶ 정치인의 유형
❷ 정치학의 필요성
❸ 정치의 주요 이론
❹ 정치학의 연구 방법

3) 한국 정치에 대해 맞지 **않는** 것은 무엇입니까? (　　)

❶ 사람들은 정치인을 잘 믿지 못한다.
❷ 일본 식민 시대가 부정적 영향을 주었다.
❸ 선거 날 투표 후에 나들이 가는 사람들이 많다.
❹ 사람들의 부정적 생각이 정치에 영향을 미친다.

4) 들은 내용과 같으면 ○, 다르면 × 하십시오.

❶ 한국의 근대화는 다른 나라의 근대화 모습과 다르다. (　　)
❷ TV에서 국회의원이 싸우는 장면을 볼 수 있다. (　　)
❸ 부정적 정치 현실을 만든 데에 국민의 책임은 없다고 할 수 있다. (　　)

08-07 **7. 다음을 듣고 질문에 대답하십시오.**

고대	부족	연속적이다	정답	절대적으로	비극

● 들으면서 내용을 쓰십시오.

무지개 색 : 우리나라 7, ____________________

실제 무지개 색 : ____________________

____________________ 도 마찬가지 (7일, 30일, 365일…)

결국 무지개 색의 개수는 __________ 이/가 없음.

→ ____________________ 주의

08 의도 이해하기

○ 다시 듣고 질문에 대답하십시오.

1) 무지개에 대한 이야기를 하는 의도는 무엇입니까? (   )

❶ 무지개의 색이 몇 개인지 알려 주려고
❷ 문화상대주의에 대한 논의를 시작하려고
❸ 아프리카의 독특한 문화와 풍습을 소개하려고
❹ 무지개에 대한 역사적인 연구들을 정리하려고

2) 중심 내용은 무엇입니까? (   )

❶ 지구상의 문화와 풍습들은 어디든 비슷하다.
❷ 자연은 연속적인데 사람들이 마음대로 나눈다.
❸ 나와 다른 문화나 풍습을 비판적으로 봐야 한다.
❹ 문화와 풍습은 어느 것이 옳다, 그르다 말할 수 없다.

3) 무지개와 시간에 대한 이야기로 맞지 **않는** 것은 무엇입니까? (   )

❶ 모두 사람의 머릿속의 분류일 뿐이다.
❷ 무지개와 시간을 나누는 원리는 비슷하다.
❸ 무지개와 시간을 나누는 맞는 방식은 없다.
❹ 하루를 24시간으로 나눈 것은 자연의 법칙을 따른 것이다.

4) 들은 내용과 같으면 ○, 다르면 × 하십시오.

❶ 한국에서 무지개 색은 7가지라고 배운다. (   )
❷ 무지개 색을 정확하게 나눌 수 있다. (   )
❸ 로마 시대에는 무지개를 6색으로 보았다. (   )

5) 화자가 다음의 문화와 풍습에 대해 어떤 이야기를 할지, 그리고 결론은 어떻게 내릴지 이야기해 봅시다.

❶ 음식 문화
❷ 결혼, 장례 풍습
❸ 친척의 범위와 호칭

정리해 봅시다

이야기를 들으면서 화자의 의도를 어떻게 파악할 수 있었는지 이야기해 보십시오.

09 추론하기

학습목표 : 내용을 듣고 중요한 내용을 추론할 수 있다.

MP3_9

준비해 봅시다 09-00

도움말

- 전후의 내용을 추론하면 강의의 흐름을 잘 파악할 수 있음.
- 추론하기 위해서는 앞뒤의 내용을 연관시키면서 들어야 함.

들은 내용에서 추론할 수 **않는** 것은 무엇입니까? (　　)

❶ 발표의 결론　　❷ 발표의 목적
❸ 앞에서 발표한 내용　　❹ 다음에 발표할 내용

들어 봅시다 09-01 ~ 07

09-01 **1. 다음을 듣고 질문에 대답하십시오.**

유전　　환경　　타고 나다

1) 지난 시간에는 어떤 내용에 대해 강의했을까요? (　　)

❶ 아이의 성격은 유전에 의해서 결정된다.
❷ 아이의 성격은 유전과 환경의 영향을 받는다.
❸ 아이의 성격은 길러지는 환경의 영향을 받는다.
❹ 타고난 성격과 길러진 환경은 서로 관계가 없다.

2) 오늘 강의의 주제는 무엇입니까? (　　)

❶ 아동의 성격 형성 원인
❷ 아동과 부모의 관계 개선
❸ 아동 성격과 부모의 역할
❹ 아동 교육 환경의 개선 방법

3) 들은 내용과 같으면 ○, 다르면 × 하십시오.

❶ 환경에 적응하지 못하는 아이는 그냥 두는 것이 좋다. ( )
❷ 새로운 경험을 할 기회를 갖지 못한 아이는 만남을 피하는 성격을 갖게 된다. ( )
❸ 부모는 적극적으로 아이의 성격을 바꾸기 위해 노력해야 한다. ( )

09-02 2. **다음을 듣고 질문에 대답하십시오.**

이기주의 집단주의 사상가 의존하다

1) 들은 내용에서 말한 제 3의 시각은 어떤 관점일까요? ( )

❶ 집단과 개인은 서로 관계가 없다.
❷ 개인과 집단은 서로 의존하고 있다.
❸ 집단보다 개인의 발전이 더 중요하다.
❹ 개인은 집단의 발전에 도움을 주어야 한다.

2) 다음의 표를 완성해 보십시오.

개인과 사회를 보는 관점

( )	→	제 3의 시각
( )	→	

3) 들은 내용과 맞지 **않는** 것은 무엇입니까? ( )

❶ 개인과 사회에 대한 여러 가지 관점을 설명하고 있다.
❷ 홉스와 로크는 개인주의 관점을 가지고 있는 사상가이다.
❸ 개인주의는 집단 안에서 개인이 발전할 수 있다고 생각한다.
❹ 개인주의는 정부나 사회를 개인들이 창조한 것이라고 본다.

09-03 **3. 다음을 듣고 질문에 대답하십시오.**

온난화　공해　자연파괴　대책　화석연료　정화

1) 들은 내용에 이어질 내용은 무엇입니까? (　　)

❶ 온난화의 원인
❷ 온난화의 문제점
❸ 선진국의 해결책
❹ 온난화의 해결 방법

2) 이 강의에서 내용에서 말하고자 하는 것은 무엇입니까? (　　)

❶ 선진국들이 온난화를 잘 해결할 것이다.
❷ 온난화 문제를 좀 더 빨리 해결해야 한다.
❸ 온난화를 잘 해결하여 행복한 미래를 만들 수 있다.
❹ 선진국들이 온난화 문제를 해결하기 위해서 노력하고 있다.

3) 들은 내용과 같으면 ○, 다르면 × 하십시오.

❶ 온난화의 원인은 공해로 인한 자연 파괴이다. (　)
❷ 온난화 문제는 앞으로 2, 3년 안에 해결될 것이다. (　)
❸ 전문가들은 지구의 미래가 위험하다고 경고하고 있다. (　)

09-04 4. 다음을 듣고 질문에 대답하십시오.

사회적 기업　　삶의 질　　높이다　　중고제품

○ 들으면서 내용을 쓰십시오.

• 강의 제목 :

• 강의 순서

❶

❷

❸

❹ 질문

• 강의 내용

❶ 사회적 기업의 정의

❷ 사회적 기업의 목적

○ 다시 듣고 질문에 대답하십시오.

1) 들은 내용의 다음에 이어질 내용은 무엇입니까? (　　)

❶ 앞으로는 우리 사회에서는 사회적 기업이 더욱 닮아질 전망입니다.

❷ 사회적 기업은 우리나라의 기업문화를 바꾸는 더 많은 영향을 줄 것입니다.

❸ 주민들에게 일자리와 서비스를 제공하여 도움주기 때문에 사회적 기업이 필요합니다.

❹ 사회적 기업이 성공하려면 '전문성을 갖춘 사회적 기업가, 사회적 투자'의 조건이 갖추어져야 합니다.

2) 이 강의의 내용이 아닌 것은 무엇입니까? (　　)

❶ 사회적 기업이란 무엇인가
❷ 사회적 기업은 왜 필요한가
❸ 사회적 기업가의 태도는 어떠해야 하나
❹ 사회적 기업이 성공하기 위한 조건 무엇인가

3) 들은 내용과 **다른** 것은 무엇입니까? (　　)

❶ 질문하려면 강의가 끝난 후에 해야 한다.
❷ 한국의 사회적 기업은 역사가 길지 않다.
❸ 학생들은 사회적 기업에 대해서 많이 알고 있다.
❹ 사회적 기업은 공동체의 이익을 중요하게 생각한다.

4) 일반기업과 사회적 기업의 가장 큰 차이를 쓰십시오.

09-05 **5. 다음을 듣고 질문에 대답하십시오.**

줄임말	신체	문화 활동	정식 종목	지적 활동

들으면서 내용을 쓰십시오.

• 강의 제목 :

• e-스포츠의 정의 :

• e-스포츠에 대한 두 가지 관점

❶ 스포츠가 아니다

❷ 스포츠이다

○ 다시 듣고 질문에 대답하십시오.

1) 들은 내용의 다음에는 어떤 내용이 나올까요? (　　)

❶ e-스포츠의 구체적인 예를 들어 준다.
❷ 현대 사회의 특징에 대해서 설명한다.
❸ 스포츠가 인기를 끄는 이유를 분석한다.
❹ 이야기 한 내용을 결론적으로 정리한다.

2) 강사가 이야기하고자 하는 것은 무엇입니까? (　　)

❶ 다양한 스포츠가 생기고 있다.
❷ 아시아에서 바둑을 즐기는 사람이 많다.
❸ 인터넷 시대의 신체 활동은 과거와 달라졌다.
❹ e-스포츠가 전통 스포츠보다 인기를 끌 것이다.

3) 들은 내용과 같으면 ○, 다르면 × 하십시오.

❶ e-스포츠는 컴퓨터를 사용하는 활동이다. (　)
❷ e-스포츠는 전통적인 스포츠에 비해 많이 움직인다. (　)
❸ 컴퓨터를 이용한 지적 활동은 신체 활동과 분리되고 있다. (　)

4) e-스포츠와 바둑의 공통점은 무엇입니까? 쓰십시오.

09 추론하기

09-06 6. 다음을 듣고 질문에 대답하십시오.

대중사회	인공수정	대량 생산	나사	돌리다	부속품

들으면서 내용을 쓰십시오.

- 강의 제목 :
- 예시

❶ 소설

제목 :

내용 :

❷ 영화

제목 :

내용 :

- 대중사회의 특징 :

○ 다시 듣고 질문에 대답하십시오.

1) 들은 내용의 다음에 이어질 내용은 무엇에 대한 것일까요? (　　)

❶ 현대사회의 문제를 비판한다.
❷ 대중사회의 특징을 설명한다.
❸ 소설과 영화에 대한 감상을 말한다.
❹ 강의의 전체 내용에 대해 설명한다.

2) 이 강의에서 영화와 소설을 예로 든 이유는 무엇입니까? (　　)

❶ 자신의 감상을 서술하기 위해서
❷ 예술 작품의 감상을 돕기 위해서
❸ 기술 발전으로 인한 위험을 경고하기 위해
❹ 대중사회의 문제점을 구체적으로 설명하기 위해서

3) 들은 내용에서 소설과 영화의 공통점은 무엇입니까? (　　)

❶ 대중사회의 비인간적 상황을 비판한다.
❷ 미래의 기술발전의 가능성을 예측한다.
❸ 기계화 된 사회의 편리함에 대해 긍정한다.
❹ 기술의 발전이 인간을 행복하게 한다고 본다.

4) 들은 내용과 같으면 ○, 다르면 × 하십시오.

❶ 〈멋진 신세계〉는 행복한 미래사회를 그린 소설이다. (　)
❷ 〈모던 타임즈〉에서는 인간을 복제하여 대량 생산한다. (　)
❸ 대중사회에서는 사람들이 다양한 개성을 추구하기 어렵다. (　)

09-07 7. 다음을 듣고 질문에 대답하십시오.

성차별 구체적이다 전통적 비율 직종 당당하다 지성적 의존적이다 고정관념

● 들으면서 내용을 쓰십시오.

- 주제
- 교과서에 나타난 남녀의 역할

  남성 :

  여성 :

- 교과서에 등장하는 횟수

  남성 :

  여성 :

- 교과서에 나타난 남녀의 직업

  남성 :

  여성 :

- 교과서에 나타난 남녀의 이미지

  남성 :

  여성 :

다시 듣고 질문에 대답하십시오.

1) 들은 내용의 결론을 추론하여 써 보십시오.

( )

2) 들은 내용의 주제는 무엇입니까? ( )

❶ 교과서에 나타난 성차별
❷ 교과서에 나타난 직업 모델
❸ 교과서에 나타난 여성 직업의 다양화
❹ 교과서에 나타난 성역할에 대한 인식 변화

3) 들은 내용과 <u>다른</u> 것을 고르십시오. ( )

❶ 현재의 교육제도는 성에 대한 차별을 만들어 내고 있다.
❷ 현재 사용하는 교과서는 성차별적 관점으로써 만들어졌다.
❸ 교과서에서 여성의 역할은 아이를 기르는 것으로 나타난다.
❹ 교과서에서 남성보다 여성이 더 지적인 것으로 나타나고 있다.

4) 들은 내용과 같으면 ○, 다르면 × 하십시오.

❶ 초등학교 교과서를 분석한 결과이다. ( )
❷ 교과서에 나타난 여성은 적극적이고 독립적이다. ( )
❸ 교과서에서 여성의 직업이 남성의 직업보다 다양하게 나타난다. ( )

5) 교과서에 나타나는 문제점을 어떻게 해결해야 한다고 생각합니까?

09 추론하기

정리해 봅시다

지금까지 들은 내용에서 각각 어떤 추론이 사용되었는지 다음의 예를 보고 이야기해 봅시다.

- 앞의 내용을 추론한다.
- 다음에 올 내용을 추론한다.

10 비판적 듣기

학습목표 : 들은 내용의 문제점을 파악할 수 있다.

MP3_10

준비해 봅시다 10-00

도움말

- 비판적으로 들으면 내용의 문제점을 파악할 수 있음.
- 들으면서 말하는 내용의 일관성, 객관성, 논지의 모순 등 문제를 찾아 내야 함.

말하는 사람의 태도에 대한 비판으로 맞는 것은 무엇입니까? (　　)

❶ 논지의 일관성이 없다.
❷ 자기 경험을 일반화하고 있다.
❸ 생각을 감정적으로 말하고 있다.
❹ 하나의 문제를 지나치게 일반화하고 있다.

들어 봅시다 10-01 ~ 07

10-01 1. **다음을 듣고 질문에 대답하십시오.**

관계를 맺다　　혼란스러움

1) 들은 내용에 대한 비판으로 맞는 것을 고르십시오. (　　)

❶ 문제의 원인을 설명하지 못했다.
❷ 개인적인 경험을 일반화하고 있다.
❸ 문제에 대한 해결책을 제시하지 못했다.
❹ 자신의 생각을 감정적으로 표현하고 있다.

2) 들은 내용에 대한 설명으로 맞는 것을 고르십시오. (　　)

❶ 미래 사회에 대해서 연구하고 있다.
❷ 대학생들의 관심 분야에 대해 설명하고 있다.
❸ 역사학을 공부해야 하는 이유를 말하고 있다.
❹ 사회의 변화 속도에 대해서 이야기 하고 있다.

3) 들은 내용과 같으면 ○, 다르면 × 하십시오.

❶ 요즘 대학생들은 생활과 사회 문제에 관심이 많다. (　　)
❷ 역사학은 변화하는 사회를 설명하기 위해 만들어졌다. (　　)
❸ 역사학을 공부한 사람은 사회 변화에 잘 적응할 수 있다. (　　)

10-02 2. **다음을 듣고 질문에 대답하십시오.**

소비문화	소유하다	구별되다	돋보이다	외모	평등하다

1) 들은 내용에 대한 비판으로 맞는 것을 고르십시오. (　　)

❶ 개념의 설명이 불분명하다.
❷ 자기 생각을 감정적으로 말하고 있다.
❸ 잘못된 자료를 인용하여 주장하고 있다.
❹ 주장하는 내용이 어느 것인지 명확하지 않다.

2) 들은 내용에 대한 반응으로 적당한 것은 무엇입니까? (　　)

❶ 사람들이 왜 소비를 많이 하는지 알게 되었어.
❷ 남녀평등은 반드시 이루어져야 한다고 생각해.
❸ 소비를 좋아하는 것은 여성만이 아니라고 생각해.
❹ 여자들이 물건 사는 것을 좋아한다는 것이 사실이구나.

3) 들은 내용과 같으면 ○, 다르면 × 하십시오.

❶ 남자들이 여자들보다 소비를 더 많이 한다. ( )
❷ 비싼 물건을 많이 소비하는 이유는 자신감이 있기 때문이다. ( )
❸ 비싼 물건을 소비하는 이유는 다른 사람보다 돋보이기 위해서이다. ( )

10-03 3. **다음을 듣고 질문에 대답하십시오.**

안락사	불가능하다	권리	합법화	실시하다

1) 들은 내용의 문제점은 무엇입니까? ( )

❶ 논리적 일관성이 부족하다.
❷ 잘못된 논거를 사용하였다.
❸ 중요한 개념에 대한 정의가 없다.
❹ 지나치게 감정적으로 진술하였다.

2) 들은 내용과 같은 것을 고르십시오. ( )

❶ 안락사에 대해서 찬성하고 있다.
❷ 안락사는 환자를 돕는 것이라고 본다.
❸ 안락사를 금지해야 한다고 말하고 있다.
❹ 안락사에 대해서 중간적 입장을 가지고 있다.

3) 들은 내용과 같으면 ○, 다르면 × 하십시오.

❶ 안락사는 환자가 스스로 죽음을 선택하게 하는 것이다. ( )
❷ 안락사를 허용하는 나라가 금지하는 나라보다 많다. ( )
❸ 안락사를 결정한 후에 환자의 마음이 변할 수도 있다. ( )

10-04 4. **다음을 듣고 질문에 대답하십시오.**

기여입학제	논란	거부감	지원금	등록	부작용

들으면서 내용을 쓰십시오.

- 토론 주제
- 남자의 의견 → (찬성, 반대)

  기여입학제 장점 ❶

  ❷
- 여자의 의견 → (찬성, 반대)

  기여입학제 장점 ❶

  ❷

다시 듣고 대답하십시오.

1) 여자의 태도에 대한 비판으로 맞는 것을 고르십시오. ( )

❶ 논리적으로 주장한다.
❷ 감정적으로 흥분하고 있다.
❸ 주제를 정확하게 이해하지 못했다.
❹ 자신의 주장을 위해 잘못된 논거를 이용했다.

2) 들은 내용에 대한 설명으로 맞는 것을 고르십시오. ( )

❶ 자신의 감정을 표현하고 있다.
❷ 주제에 대한 연구를 발표하고 있다.
❸ 주요한 개념에 대해서 설명하고 있다.
❹ 찬성과 반대의 입장에서 토론하고 있다.

3) 들은 내용과 같은 것은 무엇입니까? (　　)

❶ 여자는 기여입학제를 원하는 사람이 많다고 생각한다.
❷ 여자는 기여입학제가 교육의 질을 높인다고 생각한다.
❸ 남자는 정부가 대학을 위해서 더 많은 지원을 해야 한다고 생각한다.
❹ 남자는 기여입학제가 실시되면 장학금을 받는 학생들이 늘어날 것이라고 본다.

4) 들은 내용과 같으면 ○, 다르면 × 하십시오.

❶ 기여입학제에 대해서 거부감을 가진 사람들이 많다. (　　)
❷ 현재 사립대학교는 정부의 지원금으로 운영되고 있다. (　　)
❸ 남자는 기여입학제가 학생에게 교육의 기회를 많이 줄 수 있다고 생각한다. (　　)

10-05 **5. 다음을 듣고 질문에 대답하십시오.**

유전자 변형	생물체	보관하다	난치병	생명공학	유용하다

● 들으면서 내용을 쓰십시오.

- 영화 「스파이더맨」의 내용 :
- 유전자변형 생물이란?
- 유전자 변형 식품의 예 :
- 미래학자들의 예상 :
- 생명공학 기술로 해결되는 문제

❶

❷

○ 다시 듣고 질문에 대답하십시오.

1) 들은 내용에 대해서 올바르게 비판한 것을 고르십시오. (　　)

❶ 다른 사람의 논의에 의존하고 있다.
❷ 자신의 주장에 대한 확신이 부족하다.
❸ 자신의 개인적인 생각을 일반화하고 있다.
❹ 다양한 관점에서 보지 못하고 한 측면만 강조한다.

2) 들은 내용에서 말하고자 하는 것으로 맞는 것은 두엇입니까? (　　)

❶ SF 영화가 유전자 변형 기술에 영향을 준다.
❷ 유전자 변형 기술을 발전시키기 위해서 노력해야 한다.
❸ 유전자 변형 기술은 인류의 미래에 긍정적 영향을 줄 것이다.
❹ 21세기의 식량난을 해결하기 위해 유전자 변형 기술이 꼭 필요하다.

3) 들은 내용과 같으면 ○, 다르면 × 하십시오.

❶ 유전자를 변형하는 기술은 SF영화에서만 가능한 것이다. (　　)
❷ 유전자를 변형하면 오랫동안 보관할 수 있는 채소를 만들 수 있다. (　　)
❸ 미래학자들은 21세기에 인구가 증가로 문제가 생길 것이라고 한다. (　　)

4) 유전자 변형 기술로 해결할 수 있는 문제는 무엇입니까?

10-06 6. **다음을 듣고 질문에 대답하십시오.**

의존하다	접근하다	두려워하다	중독되다	자극

들으면서 내용을 쓰십시오.

- 현대인과 휴대전화
- 현대인이 휴대전화에 의존하는 이유
  - ❶
  - ❷
- 휴대전화 소비에서 느낀 것

다시 듣고 질문에 대답하십시오.

1) 들은 내용에 대한 비판으로 맞는 것을 고르십시오. (　　)

❶ 문제의 해결 방법을 이야기하지 못했다.
❷ 불필요한 이야기를 너무 많이 하고 있다.
❸ 자신의 주장을 논리적으로 정리하지 못했다.
❹ 주제에 대해 긍정적인 측면으로만 해석하고 있다.

2) 들은 내용과 맞지 **않는** 것은 무엇입니까? (　　)

❶ 휴대전화 사용의 문제점을 구체적으로 분석한다.
❷ 휴대전화를 사용하는 이유를 순서대로 나열하고 있다.
❸ 정보 시대의 문제점에 대해서 전문가의 의견을 제시하였다.
❹ 휴대전화 문제를 통해서 현대사회의 문제를 비판하고 있다.

3) 들은 내용과 <u>다른</u> 것을 고르십시오. (   )

❶ 현대인들은 휴대전화를 통해 많은 정보를 얻는다.
❷ 휴대전화에 의존하는 사람들이 점점 늘어나고 있다.
❸ 현대인들은 외부의 변화에 적응하는 것을 중요하게 생각한다.
❹ 현대인들은 휴대전화를 이용하면서 생활에 여유를 갖게 되었다.

4) 들은 내용과 같으면 ○, 다르면 × 하십시오.

❶ 현대인들은 자신의 삶을 자신의 생각대로 결정한다. (   )
❷ 정보사회에서는 새 정보를 빨리 얻는 사람이 경쟁에서 이길 수 있다. (   )
❸ 사람들은 자신의 외로움을 다른 사람들에게 보여주고 싶어 하지 않는다. (   )

10-07 **7. 다음을 듣고 질문에 대답하십시오.**

제약	반박하다	교류되다	익명성	합의	낭비하다

들으면서 내용을 쓰십시오.

• 인터넷 토론의 특징

❶

❷

❸

• 인터넷 토론에서 결론을 만들어내지 못하는 이유

❶

❷

• 인터넷 토론을 발전시키기 위한 방법

❶

❷

10 비판적 듣기

○ 다시 듣고 질문에 대답하십시오.

1) 들은 내용에 대해서 올바르게 비판한 것을 고르십시오. (   )

❶ 문제점을 지나치게 과장하고 있다.
❷ 대상에 대해 감정적으로 비판하고 있다.
❸ 문제에 대해서 부정적인 측면만 이야기 하고 있다.
❹ 문제점을 이야기했지만 해결방법을 이야기하지 못했다.

2) 들은 내용에서 말하고자 하는 것은 무엇입니까? (   )

❶ 인터넷 토론의 특징을 설명한다.
❷ 인터넷 토론의 장점과 단점을 비교한다.
❸ 인터넷 토론에 참여하는 방법을 알려준다.
❹ 인터넷 토론의 문제점을 분석하고 해결책을 제시한다.

3) 들은 내용에 맞지 **않는** 것은 무엇입니까? (   )

❶ 인터넷의 익명성은 책임감을 강하게 한다.
❷ 인터넷 토론의 특징은 사회자가 없다는 것이다.
❸ 인터넷 토론은 시간과 공간의 제약을 받지 않는다.
❹ 현재는 이름을 밝히지 않아도 토론에 참여할 수 있다.

4) 들은 내용과 같으면 ○, 다르면 × 하십시오.

❶ 인터넷 토론을 통해서 얻는 정보 중에는 믿을 수 없는 것도 있다. (   )
❷ 인터넷 토론을 통해서 문제를 해결하는 방법을 찾을 수 있다. (   )
❸ 인터넷 토론에 참여하는 사람들은 모두 책임감이 강한 사람들이다. (   )

5) 인터넷 토론의 장단점에 대해서 이야기 해 보십시오.

인터넷 토론의 장점	
인터넷 토론의 단점	

정리해 봅시다

비판적 듣기를 위해서 주의해서 들어야 할 점은 무엇입니까?

부록

:: 듣기 지문

:: 모범 답안

:: 색인

:: 듣기 지문

01 강의 개요 듣기

[준비해 봅시다]

01-01

안녕하세요. 이번 학기 강의를 맡은 김영진입니다. 먼저 여러분이 준비하셔야 할 교재는『정치학총론』입니다. 이 과목은 정치학의 기초 내용과 논리를 소개하는 것, 또 정치외교현상과 관련 이론을 배워 현대 사회의 문제들을 이해하는 것이 목표입니다. 수업 방식은 주로 제가 강의를 하고 수업 중 질의 응답 시간을 갖도록 하겠습니다. 평가 방법은 중간고사 기말고사가 30% 씩, 기말 보고서 20%, 수업 참여도 20% 비중으로 평가하겠습니다.

[들어 봅시다]

1. 01-02

안녕하세요. 이번 학기 어휘론 강의를 맡은 박은정입니다. 이 강의는 국어 어휘에 대해 기초적인 개념과 연구 방법을 공부하는 것이 목표라고 보시면 되겠습니다. 먼저 지금 나눠 드린 계획표를 보세요. 우리가 사용할 주 교재는『국어 어휘론 개설』이고 그 외에 거기 나와 있는 참고문헌과 논문들도 읽으셔야 합니다. 수업은 주교재를 중심으로 할 거구요. 여러분들은 15주 동안 매주 정해진 주제에 대해 발표하고 토론을 해야 합니다. 또 기말에는 보고서를 내셔야 합니다. 평가는 중간시험과 기말시험이 각각 35%씩, 그리고 기말에 내는 보고서가 20%이고 수업 중 발표가 10% 반영됩니다. 자 그럼 이제 발표 순서를 정해 봅시다.

2. 01-03

자, 핸드아웃을 같이 봅시다. 여기 혹시 다른 과 학생 있나요? 다시 말씀드리지만 이 수업은 건축학 전공생들만 수강할 수 있는 수업입니다. 혹시 잘못 신청한 학생들은 다음 주까지 수강철회해 주세요. 먼저 교재 소개하겠습니다. 주 교재는『건축시공의 기초』하고『건축시공학』, 이렇게 두 갭니다. 주로 제가 강의를 할 거고, 여러분은 한 학기 동안 직접 건축물 답사를 해야 해요. 답사는 서너 명이 팀을 짜서 해야 하고 건축 시공을 맡은 담당자와 만나서 건축 시공에 대한 인터뷰를 해야 합니다. 답사 후에는 리포트를 제출해야 합니다. 답사는 전체 성적에 45% 반영됩니다.

3. 01-04

신입생 여러분 대학생활 첫 학기인데요. 이제 입시 스트레스에서도 벗어났으니까 자유롭게 다양한 지식을 탐구하고 쌓는 그런 대학생활이 되기 바라면서 수업 개요를 말씀드리겠습니다. 한 학기동안 여러분은 천문학의 기초를 배우고, 천문학 실습을 통해서 현대 천문학과 우주론을 공부하게 될 겁니다. 교재는 주로 여기 보시는 이 책을 이용할 거구요. 수업은 제 강의와 실습으로 이루어집니다. 성적 평가는 시험과 실습, 그리고 평소 수업 태도를 평가할 겁니다. 중간, 기말 시험이 각각 30%씩 해서 60%, 그리고 실습 점수가 30%, 수업 참여와 태도가 10%입니다.

4. 01-05

안녕하세요. 정동식입니다. 이 강의는 대학생 수준에서 꼭 읽어야 할 작품들을 다양하게 골라서 꼼꼼하게 읽으면서 문학에 대한 흥미와 이해를 높이는 것이 목표입니다. 우리가 읽을 작품들이 핸드아웃에 나와 있으니 봅시다. 총 10개 작품인데, 셰익스피어부터 시작해 2009년 작품까지 다양합니다. 작가도 남, 녀, 한국인, 외국인 다양하게 선정했습니다.

1주와 2주차 수업에서는 문학 일반에 대한 강의를 제가 할 거구요. 3주차부터 여러분이 발표를 합니다. 4-5명 씩 팀을 짜서 한 작품씩 골라 읽고 그 작품에 대한 감상을 발표하세요. 팀에서 한 명만 대표로 발표하고 나머지는 편하게 쉬는 그런 방식이 아닙니다. 팀 안에서 사회자를 한 명 정하고, 나머지는 각자 자신의 감상을 발표합니다. 그리고 중요한 주제를 몇 개 골라 팀 안에서 토론을 해야 합니다. 평가는 저의 평가뿐만 아니라 다른 학생들의 평가도 반영이 됩니다. 다른 학생들은 그 팀에 대한 전체 팀 점수를 매기는 겁니다. 기말 보고서는 따로 없고 두 번의 시험이 있습니다. 점수는 중간 고사가 30점, 기말 고사가 30점, 발표 및 토론이 30점, 나머지 10점은 출석입니다.

5.

01-06

이번 학기 마케팅 강의를 맡은 최종수입니다. 저는 재작년에 미국 대학교에서 학위를 받고 거기에서 1년간 강의를 했습니다. 작년부터 이 학교에서 강의를 하게 되었고요. 수강생이 꽤 많은 걸 보니까 마케팅에 관심들이 많은 것 같군요.

우선 이 수업은 16주 동안 한 주에 세 시간씩 강의를 합니다. 화요일 3교시, 목요일 3, 4교시구요. 수업 목표는 세 가지로 볼 수 있습니다. 먼저 마케팅에 대한 기초이론을 배우고, 두 번째는 다양한 마케팅 전략을 살펴보는 겁니다. 세 번째는 실제 졸업 후에 마케터가 되었을 때 갖추어야 할 실제적인 지식을 공부하는 겁니다.

수업은 주로 제 강의로 이루어집니다. 그렇다고 여러분은 편하게 듣기만 하는 건 아닙니다. 매 수업마다 토론을 할 겁니다. 그리고 중간시험, 기말시험 문제는 여러분이 강의를 집중해서 들어야 대답할 수 있도록 낼 겁니다. 시험은 각각 30%씩 점수에 반영됩니다. 그리고 과제가 25%, 출석이 15%인데, 과제는 성공적인 마케팅 사례를 하나씩 골라서 우리가 배운 내용과 연관시켜 분석하고 기말에 보고서로 내는 겁니다.

6.

01-07

수업에 대해 설명 드리겠습니다. 여러분은 모두 3학년이거나 4학년생들이니까 이전에 의류학 관련 과목을 많이 들었을 거라고 생각하는데요. 전에 의류상품학 수업을 들은 학생들은 이번 학기 강의에 대한 이해가 좀 더 쉬울 겁니다. 이 수업의 목표는 패션 비즈니스의 특성을 살펴보고, 자신에게 맞는 일자리를 찾는 데에 도움이 되도록 하는 겁니다. 특히 현대 패션 산업의 세계화에 맞게 국지적인 감각을 키워서 국제적 상품 수요와 유통, 마케팅을 이해하는 것이 중요합니다.

우리가 주로 공부할 교재는『글로벌 패션 비즈니스 시스템』, 그리고『패션』이렇게 두 권입니다. 여러분이 학기 중 신경 써야 할 것은 팀 프로젝트입니다. 팀을 짜서 패션 산업에 대한 시장 조사를 하고 전문가와 인터뷰를 해야 합니다. 그리고 그 결과를 수업 중에 발표하는 거지요. 이 팀 프로젝트가 여러분 성적에 30% 반영됩니다. 그리고 중간 시험이 25%, 기말 시험이 25%이고 기말 보고서가 10%, 출석이 10%씩 성적에 반영됩니다.

7.

01-08

안녕하세요. 이규식입니다. 이 중에는 신입생들도 계실 텐데요. 자, 간단히 이번 심리학 개론 과목에 대해 소개하겠습니다. 교재는『심리학의 기초』인데 원래『싸이콜로지』라는 영어 원서를 번역한 책입니다. 이 책을 한 과씩 맡아서 발표하십시오. 발표 후에 제가 보충 설명을 하겠습니다. 종이를 돌릴 테니까 자신이 관심이 있는 주제에 표시를 하세요. 그러면 제가 정리를 해서 다음 시간에 발표 순서를 알려 드리겠습니다. 그리고 참고문헌은 여러분이 보시다시피 꽤 많은데 다 읽을 여유가 안 된다면 거기 제가 밑줄 쳐 놓은 자료를 먼저 보면 될 겁니다.

평가는 시험, 발표, 보고서 등 종합적으로 할 텐데, 중간 시험과 기말 시험이 30%씩이고, 기말 보고서가 15%입니다. 그리고 학기 중간 중간에 퀴즈, 즉 간단한 시험을 네 번 정도 볼 겁니다. 물론 그 일정은 계획표에 나와 있으니까 미리 준비하시면 되고요. 이 시험이 15%가 되겠습니다. 나머지 10%는 출석 점수입니다.

그럼 이제 한 학기동안 우리가 뭘 배울지 이야기를 좀 해 봅시다. 여러분은 무슨 기대를 하고 이 과목을 신청했나요? 혹시 심리테스트나 프로이드의 꿈 해석 같은 것에 관심이 있어서 왔습니까? 미리 말하지만 그런 건 아주 간단히 다룰 겁니다. 요즘은 강력 범죄자의 심리를 연구하는 범죄심리학에 대해서도 관심들이 많던데 범죄심리학은 대학원에 개설된 응용심리학 과목입니다. 이 수업에서 여러분은 뇌의 발달에 대한 공부부터 시작해서 얼굴 인식, 암기, 인간 관계, IQ 등등 아주 다양한 범위를 체계적으로 공부해 볼 겁니다. 이번 학기동안 심리학의 다양한 분야와 그 기초 이론들에 대해서 알게 되는 것, 또 이 강의를 통해 여러분 자신과 일상생활에 심리학을 적용시켜 볼 수 있게 되는 것, 그것이 이 수업의 목표라고 할 수 있겠습니다.

02 발표 요약지 보며 내용 이해하기

[준비해 봅시다] 02-00

현대 사회가 낳은 첫 번째 부작용이 공해문제라면 두 번째 부작용은 인간관계라고 할 수 있습니다. 자본주의 사회에서 추구하는 개인의 이익 추구가 결국 개인주의로 발전되고 있습니다. 내가 아니면 다른 사람은 누구나 경쟁 상대이며 자신뿐만 아니라 내 아들, 손자까지 잘 살 수 있을 만큼 돈을 벌고 출세를 하고 싶은 마음 때문에 이웃 사람이나 주위 사람들은 생각을 하지 않는 것이지요. 현대 사회에서 사람들은 더 이상 예전처럼 친척들을 자주 방문하지도 않고, 옆 집 사람과 따뜻한 이야기 나누며 정을 나누지도 않게 되었습니다.

[들어 봅시다]

1. 02-01

다음으로는 김치의 효능에 대해서 살펴보겠습니다. 김치는 다양한 종류만큼이나 많은 효능이 있는 것으로 밝혀졌습니다. 가장 대표적인 것은 김치가 익으면서 증가하는 유산균이 장을 깨끗하게 해주는 항균 작용을 한다는 것입니다. 그리고 이 유산균은 몸속의 콜레스테롤을 떨어뜨려 성인병 예방과 치료에 도움을 주는 것으로 밝혀졌습니다. 다음으로는 김치가 암을 예방하는 효과를 가지고 있다는 겁니다. 김치의 주재료인 배추는 대장암을 예방해 주고 마늘은 위암을 예방해 줍니다. 다음은 여성분들이 환영할만한 것인데 김치는 피부 미용에도 좋고 살도 빠지게 해 줍니다. 김치에 있는 항산화 성분이 그런 작용을 돕는다는 실험 결과가 있습니다.

2. 02-02

한국 사람들은 깊은 산속이나 계곡에서 나오는 물을 약수라고 하며 아주 귀중하게 여겼습니다. 그리고 이러한 약수도 모두 같은 것이 아니라 물마다 다르고 물을 뜨는 시간에 따라 다르다고 느꼈습니다. 또한 한국 사람들은 물을 여러 가지로 구분해서 말하기도 했습니다. 즉, 무게에 따라 무거운 물, 가벼운 물로 구분하기도 하고 맛에 따라 단 물, 매운 물, 쓴 물 등으로 나누기도 했습니다. 또 어디에서 나오느냐에 따라 구분하기도 했는데 서울의 인왕산에서 나오는 물은 백호수, 삼청동 산에서 나오는 물은 청룡수, 남산에서 나오는 물은 주작수라고 불렀습니다.

3. 02-03

판소리는 옛날부터 입에서 입으로 전해 오는 이야기를 내용으로 하고 있습니다. 원래는 판소리 열두 마당이라고 해서 12개의 판소리가 있었다고 하는데 지금은 다섯 개만 남아 있습니다. 춘향가, 심청가, 흥부가, 수궁가, 적벽가가 그것입니다. 다음은 판소리의 구성요소입니다. 노래를 하는 소리꾼이 중간 중간에 노래를 하면서 이야기를 합니다. 그리고 이 소리꾼은 노래만 하는 것이 아니고 몸동작을 하기도 합니다. 소리꾼의 역할이 참 여러 가지지요. 그런데 소리꾼 혼자서만 판소리를 하는 것은 아닙니다. 판소리에는 반드시 북을 치는 고수가 있어야 합니다. 고수는 북을 치면서 장단도 맞추고 소리꾼이 노래를 할 때 "좋다!", "잘한다!" 같은 소리를 내는데 이것을 추임새라고 합니다.

4. 02-04

조선 시대 가옥의 형성 배경은 3가지로 살펴 볼 수 있습니다. 첫 번째로 사회적 배경에 관한 것입니다. 조선시대의 사회적 특징 중 하나는 지금과 다르게 신분계급이 있었다는 겁니다. 그리고 자신의 신분을 나타내는 가장 중요한 방법이 바로 집이었습니다. 상류층들은 집을 통해서 자신들의 신분과 지위를 보여주려 하였고 이로 인해 계급별로 다른 형태의 가옥이 나타나게 된 것입니다. 두 번째로는 지리적 배경을 살펴보겠습니다. 우리나라는 지구 북반구에 속해 있어서 여름철에는 습하고 기온이 높으나 겨울철에는 건조하고 굉장히 춥습니다. 이렇게 춥고 긴 겨울과 더운 여름 때문에 온돌과 마루라는 한옥만의 특성을 갖게 되었습니다. 마지막으로 조선시대 가옥에 영향을 준 것은 당시의 사상적 배경입니다. 조선시대는 유교사상의 영향을 크게 받고 있었는데 그 사상에 따라 남녀를 구별하고 윗사람과 아랫사람의 공간을 구분하는 형태의 가옥이 발달하게 된 것입니다.

5. 02-05

15세기 유럽은 더 이상 유럽 대륙 안에서 만족하지 않고 밖으로 눈을 돌리기 시작합니다. 바다에 새로운 항로를 개척하고 알려지지 않은 세계로 유럽의 세력을 넓혀가기 시작한 것이지요. 이러한 시도는 인간과 현실을 새롭게 보려는 르네상스 시대의 분위기 속에서 과학이 발전하면서 가능하게 되었던 것입니다. 그러나 15세기 유럽의 세력 확대가 가능했던 이유는 다음 3가지로 정리할 수 있습니다.

첫째, 당시의 동양에 대한 호기심 때문입니다. 동방 무역을 통해 전해진 신기한 물건들, 동양의 여러 나라를 여행한 마르코 폴로가 쓴 '동방견문록'이라는 책은 유럽 사람들의 호기심을 자극하기에 충분했습니다. 둘째, 과학 기술의 발달입니다. 나침반의 발명, 항해술의 발달이 먼 바다로의 여행을 가능하게 한 것이지요. 셋째, 당시 유럽에 상공업과 금융업이 발달했기 때문입니다. 상공업의 발달로 그들은 더 큰 시장이 필요했고 금융업의 발달로 넘쳐나는 돈을 새로운 세계에 투자할 수 있게 된 것입니다.

6. 02-06

공자의 사상을 이어 발전시킨 맹자의 국가관은 오늘날의 정치가들이 참고해야 할 사상이라고 생각합니다. 맹자는 지도자의 두 가지 역할에 대해 주장했는데 먼저 백성들의 생계를 보장해 주어야 하고 다음으로 백성들을 교육시키는 도덕적, 교육적 기준을 마련해야 한다고 했습니다. 맹자는 백성들의 경제적 자립을 보장해 주는 구체적인 계획을 제안했는데 세금을 줄이고, 자유로운 무역을 하고 노약자를 위한 복지 대책을 세워 공평하게 부를 나눌 것을 주장했습니다. "생계 수단이 든든할 때 든든한 마음가짐을 가질 수 있다"는 것은 맹자가 늘 얘기하던 것입니다. 또한 맹자는 무엇보다 인간을 소중하게 생각했으며 그것을 도덕과 교육의 기본으로 삼았습니다. 이처럼 맹자는 백성의 복지를 주장했고 '인정' 즉, 국민을 가장 중요하게 생각하는 정치를 지지한 사상가였습니다. 이러한 국가관은 바로 지금 모든 나라가 지향하고 있는 복지 국가관과 같은 의미라고 할 수 있고 그런 면에서 맹자의 국가관은 오늘날까지 영향을 주는 뛰어난 사상이라고 할 수 있겠습니다.

7. 02-07

인간은 자신의 욕망을 충족시키기 위해서 끊임없이 소비를 하면서 살아가고 있습니다. 한 연구 결과에 따르면 미국인들은 일주일에 6시간을 쇼핑하는 데 보내고 아이들과는 40분밖에 놀아주지 않는다고 합니다. 그리고 한 집의 평균 카드빚이 7,564달러가 된다고 하니 소비로 인한 문제가 결코 가벼운 것이 아니라고 생각됩니다.

일반적으로 생각하기에 가장 합리적인 소비는 최소의 자원으로 최대의 만족을 얻는 소비입니다. 그러나 앞의 연구 결과에서도 말씀 드린 것처럼 사람들은 잘못된 소비로 큰 빚을 지기도 하고 더 나아가 사회 문제를 일으키기도 합니다. 이렇게 현대사회에서의 소비는 우리의 생활과 밀접한 관계가 있다고 볼 수 있습니다. 그렇다면 현대인들에게 소비란 어떤 의미일까요? 과거처럼 단지 물건을 산다는 의미는 아니겠지요? 저는 현대사회에서의 소비를 3가지 면으로 생각해 봤습니다.

첫째, 소비는 사람들의 주관적이고 심리적인 가치를 실현하게 해 줍니다. 사람들은 명품 옷과 가방을 사면서 즐거움과 만족감을 느끼는데, 소비를 통해 행복, 만족감 같은 주관적이고 심리적인 가치를 실현할 수 있기 때문입니다. 둘째, 소비를 통해 사람들은 자신의 사회적 위치를 보여줍니다. 즉, 큰 집이나 고급차의 유무는 현대사회에서 사회적 계급의 차이를 보여주는 기준이 되기도 합니다. 셋째로 소비는 인간관계를 위해 사용됩니다. 우리는 가족, 연인, 친구로서의 역할을 하기 위해 선물을 사거나 돈을 쓰게 됩니다. 이러한 소비 행위는 사람들이 자신이 속한 사회에서 인간관계를 문제없이 유지하게 해 줍니다. 이상으로 현대 사회에서의 소비의 의미에 대해서 정리해 봤습니다. 과거 우리 조상들의 소비가 생활에 필요한 생활필수품을 구입하는 것이 전부였다고 생각하면 현대인들의 소비는 그 의미가 매우 복잡해졌다고 할 수 있겠지요?

03 시각 자료 보며 내용 이해하기

[준비해 봅시다] 03-00

다음 사진에서 보시는 것은 미래 사회에서 가장 관심을 받을 것으로 보이는 로봇입니다. 바쁜 생활로 건강관리를 할 시간이 없는 사람들에게 도움이 될 것입니다. 겉보기에도 튼튼한 남자 같은 이 로봇은 마치 진짜 근육이 나온 것 같은 팔과 다리를 가지고 있지요?

[들어 봅시다]

1. 03-01

조선 백자는 화려한 중국 백자와는 달리 색깔이나 모양이 소박하기 때문에 사람의 마음을 편안하게 만드는 매력이 있습니다. 또한 고려 백자에 비해 세련된 멋은 없지만 순수하고 소박한 멋이 있습니다. 조선 백자의 종류는 청화백자, 상감백자 등 무늬가 들어간 형태와 무늬가 없는 하얀색의 순백자 형태가 있습니다. 사진에서 보시는 것이 바로 순백자입니다. 둥근 모양의 꽃병처럼 생긴 것이 '달항아리'라는 백자인데 독특한 모양, 부드러운 색, 자연스러운 곡선으로 세계인들의 관심을 받고 있는 작품입니다. '달항아리'의 아름다움은 소박함과 겸손함을 중요하게 생각하는 당시 조선시대의 정신을 나타내고 있다고 하겠습니다.

2. 03-02

이 그림은 네덜란드 화가 반 고흐가 1889년 6월에 그린 '별이 빛나는 밤에'라는 작품입니다. 고흐가 정신요양원에 들어간 후에 그곳에서 그린 열정적인 그림들 가운데 하나인데 그림 전체가 에너지로 소용돌이치고 있는 것처럼 보입니다. 그림의 오른쪽 위에서 달은 태양처럼 불타고 있고 하늘에는 폭발할 듯한 별들이 가득합니다. 또한 왼쪽에 하늘을 향해 올라가고 있는 나무는 마치 커다란 불꽃같습니다. 이러한 모습은 감정의 해방과 힘, 긴장감을 표현하고 있으며 뒤의 조용한 마을 풍경과 대비되어 그 강렬함이 더욱 살아나는 느낌을 줍니다.

3. 03-03

남아메리카 여행을 다녀온 사람들은 "스페인어를 꼭 배워야겠다"는 말을 자주 합니다. 왜 그럴까요? 이 지도는 남아메리카의 언어 지도입니다. 진한 색은 스페인어를 쓰는 국가이고 흐린 색은 포르투갈어를 쓰는 국가입니다. 포르투갈어는 브라질에서 사용하고 있는데 남아메리카에서 가장 큰 나라이다 보니 매우 큰 부분을 차지하고 있군요. 그리고 브라질을 제외한 남아메리카 국가의 대부분은 스페인어를 쓰고 있습니다. 이는 남아메리카 국가 대부분이 16세기부터 약 300년 동안 스페인의 지배를 받았고 그 시간이 너무 길어서 해방 후에도 그들 고유의 언어를 잃어버리게 된 것이죠. 현재 스페인어는 영어와 중국어의 뒤를 잇는 '제3의 세계 언어'로 3억 3200만 명 정도가 사용하고 있습니다.

4. 03-04

지금 여러분이 보고 있는 두 개의 탑은 다보탑과 석가탑입니다. 이 두 개의 탑은 경주에 있는 불국사 안에 마주 보고 서 있는데 한국의 가장 대표적인 석탑으로, 높이도 같습니다. 먼저 다보탑은 통일신라시대에 세운 것으로 추측됩니다. 탑 모양이 매우 화려해 보이지요? 마치 나무를 깎아 놓은 것 같은 정교한 모양입니다. 하지만 이 탑은 돌로 만든 것입니다. 당시의 우수한 조각 기술을 보여 주고 있습니다. 반면 석가탑은 단정하고 간결한 모양을 하고 있습니다. 탑 밑에는 2단으로 되어 있는 큰 돌이 있고 그 위에 3층으로 된 돌이 올라가 있는데 전체적으로 네모반듯한 모양이어서 매우 안정된 느낌을 줍니다. 또한 모서리들 끝이 위로 올라가 있어서 탑 전체가 날아오르는 것 같습니다. 이렇게 두 개의 탑은 겉모습에서 차이를 나타내고 있지만 모두 신라인의 훌륭한 예술적 감각을 나타내고 있습니다. 즉, 화려하고 자유로운 모양의 다보탑은 섬세하고 정교한 감각을, 석가탑은 단순하지만 세련된 감각을 보여주고 있습니다.

5. 03-05

하회마을에서 만들어져 전해지고 있는 하회탈은 언제부터 만들어졌는지 확실하게 알려지지 않았지만 대충 고려 시대 중기 때부터 생겨나기 시작한 것으로 보고 있습니다. 당시 주민들은 마을을 지키는 수호신에게 감사하는 뜻으로 정월대보름마다 탈놀이를 했다고 합니다. 하회탈의 종류는 11가지가 있고 각각의 탈은 그 시대의 여러 인물들을 상징합니다. 지금 여러분이 보시는 것은 양반탈과 이매탈입니다. 여기 활짝 웃고 있는 것이 그 시대의 상류층이었던 양반의 얼굴을 표현한 양반탈입니다. 이 탈은 잘난 척하고 남을 무시하는 양반의 성격을 표현할 때 쓰는 탈입니다. 겉으로 보기에는 인자하게 웃고 있지만 웃음 뒤에는 양반의 다른 모습이 있다는 것을 보여주고 있습니다.

그 옆에 있는 것이 이매탈입니다. 순진한 웃음을 짓고 있는 이 탈은 다른 탈과 다르게 턱이 없습니다. 그래서 이 탈을 쓰면 더욱 생동감 있는 표현을 할 수 있다고 합니다. 코는 넓적하고 눈은 아래로 처져 있어서 불쌍해 보입니다. 이 탈을 쓰면 아무리 잘난 사람도 바보처럼 보이게 하는 것이 이 탈의 매력이라고 할 수 있습니다.

6. 03-06

여러분은 과학 상점이라는 말을 들어 보셨나요? 이름만 들어서는 과학 도구를 사고파는 가게 같지만 사실 과학 상점은 지역 사회나 공익 단체, 지방 정부, 노동자 등이 내놓는 구체적인 과학 관련 문제들에 대해 대학 교수와 학생들이 무료로 연구하고 답을 해 주는 제도를 말합니다. 대학과 지방 정부는 학생과 교수의 연구비를 지원해 주는데, 이 제도를 통해 학생과 교수는 시민의 시각에서 새로운 관점의 연구도 하고 지역 사회의 문제도 해결할 수 있습니다. 또한 대학과 지역 사회가 가깝게 연결되어 서로 도움을 주고받을 수 있게 됩니다. 현재 네덜란드의 35개 대학에 이러한 과학 상점이 있다고 하는데 이 도표에서 보는 것처럼 과학 상점을 중심으로 지역 사회와 연구자, 정부가 서로 연결되어 도움을 주고받고 있습니다. 또한 주민들의 세금은 결국 자기 자신들을 위해 다시 돌아오게 된다는 것도 이 표를 통해 알 수 있습니다. 따라서 '과학 상점'은 과학과 인간을 가깝게 해 주는 과학의 대중화에 기여한다고 할 수 있습니다.

7. 03-07

오늘은 식물의 기관과 활용에 대해서 말씀드리겠습니다. 지금 보시는 것은 식물의 기관을 부분별로 설명한 그림입니다. 땅 표면을 경계로 땅 위에 나와 있는 줄기와 잎은 지상부라고 하고 땅 속에 들어 있는 뿌리 부분은 뿌리계라고 합니다. 지상부는 크게 줄기와 잎으로 이루어져 있고 줄기와 잎은 다시 각각 세부적인 부분으로 이루어져 있습니다. 각 부분의 이름은 그림에서 보는 것과 같습니다. 이렇게 식물의 줄기와 잎, 그리고 뿌리계의 뿌리는 식물의 가장 기본적인 기관입니다. 그리고 줄기, 잎, 뿌리 이 세 기관을 식물의 영양기관이라고 하는데 식물을 유지하게 하는 영양분을 만드는 기관이기 때문입니다. 그렇다면 여기 줄기 끝에 달려있는 꽃의 역할은 무엇일까요? 꽃은 꽃잎 안의 수술과 암술이 만나서 씨를 만들고 그 씨는 또 다른 식물을 탄생시킵니다. 즉, 꽃은 식물의 번식을 담당하는 기관이라고 할 수 있습니다.

다음은 이러한 식물의 각 기관이 인간의 생활에 어떻게 이용되고 있는지 알아보겠습니다. 사람들은 식물의 각 기관을 다양하게 이용하고 있습니다. 잎은 양배추, 시금치처럼 직접 먹기도 하고 로즈마리나 페퍼민트 같이 향이 나는 잎에서는 향료를 얻기도 하며 담배와 차를 만들기도 합니다. 또한 줄기는 옷감의 재료로 이용되기도 하고 고구마 줄기처럼 맛있는 반찬이 되기도 합니다. 뿌리는 어떤가요? 감자, 고구마, 무 등, 우리가 자주 먹는 것들이 모두 식물의 뿌리입니다. 식물의 꽃 부분도 우리에게 꼭 필요한 식품을 제공합니다. 꽃의 일부분이 발달하여 생긴 것이 열매인데 사과, 감, 배 등의 과일과 오이, 호박, 가지 등의 채소는 모두 식물의 꽃이 변한 것입니다. 이렇게 식물의 기관은 각각의 역할이 있으며 인간에게도 없어서는 안 되는 것들입니다.

04 핵심 정보 및 내용 듣기

[준비해 봅시다] 04-00

인간은 누구나 일생의 1/3에서 1/4 정도를 잠을 자며 보냅니다. 잠자는 20년의 세월을 어떻게 보냈느냐에 따라서 나머지 50년의 세월에 대한 의미도 달라집니다. 잠자는 시간을 제대로 보내지 않으면 깨어있는 시간도 건강하게 보낼 수 없을 겁니다. 따라서 잘 자는 것이야말로 건강한 삶을 위해 꼭 필요한 현대인의 건강 비결이라고 할 수 있습니다.

[들어 봅시다]

1. 04-01

이슬람 국가에서는 차도르를 입은 여성과 머리에 터번을 두른 남성을 자주 볼 수 있습니다. 이슬람 국가에서 차도르나 터번을 사용하는 이유는 종교와 기후 때문입니다. 먼저, 종교적 영향을 보면 여자는 조심스럽게 행동하고 다른 남자들에게 얼굴이나 몸을 보이지 않도록 해야 한다는 이슬람 성경 코란에 따른 것이고 터번은 이슬람교의 창시자 무함마드가 머리에 터번을 쓴 것이 영향을 준 것이라고 해요. 또 하나의 원인은 바로 기후입니다. 이슬람교가 생기고 퍼져 나간 곳은 대부분 사막과 같은 건조한 지역인데 이 지역은 기온이 높기 때문에 피부를 보호하기 위해서 이러한 복장이 필요했다고 해요.

2. 04-02

17세기 유럽의 건축물에는 당시 유행하는 스타일이 있었습니다. 그러한 스타일은 베르사유 궁전 같은 건축물에도 나타났는데 그것이 바로 우리가 바로크 양식이라고 부르는 스타일이에요. 바로크 양식은 나중에 18세기의 로코코 양식에 영향을 주었습니다. 바로크라는 말은 포르투갈어 바로코에서 시작됐는데 이 말은 진주라는 뜻이라고 합니다. 이 말은 17세기의 건축 양식을 의미하는 말이었지만 나중에 17, 18세기의 모든 예술을 표현하는 말로 사용되고 있어요. 바로크 양식의 특징은 그 규모가 매우 크고 화려하며 과장된 형태를 중요하게 생각하는 것이에요.

3. 04-03

한국은 지역에 따라 대표적인 산물이 있어요. 이렇게 지역에 따른 산물이 발달하게 된 것은 여러 가지 이유 때문이지요. 경기도 지역은 산이 별로 없고 넓은 땅과 큰 강이 흐르기 때문에 쌀, 보리, 콩 등의 곡식이 많이 나고 강원도 지역은 산이 많아서 감자, 옥수수 등이 많이 생산됩니다. 한편 전라도에는 호남평야라는 넓고 평평한 땅이 있어서 쌀을 비롯한 많은 과일과 농산물이 납니다. 그리고 제주도는 바다에서 많은 수산물이 나지만 평평한 땅이 별로 없고 물이 귀해서 잡곡이나 고구마 같은 농산물이 납니다. 하지만 다른 지역에 비해서 날씨가 따뜻해서 귤이나 바나나 같은 과일도 많이 생산되고 있어요.

4. 04-04

지금 우리는 많은 광고를 만나고 있습니다. 거리는 물론이고 버스와 지하철에도 광고가 있고 집에 들어와서 텔레비전을 켜도 광고를 보게 됩니다. 광고라는 말은 세상에 널리 알린다는 뜻입니다. 광고에는 상품 광고, 기업 광고, 공익 광고가 있는데 우리가 보는 대부분의 광고는 상품 광고일 것입니다. 오늘은 이러한 광고의 기능에 대해서 세 가지로 정리해 보겠습니다. 첫째, 정보 전달 기능입니다. 소비자들은 광고를 통해서 신제품에 대한 정보를 얻을 수 있는 거지요. 둘째는 설득 기능입니다. 상품 광고를 보고 사람들이 관심을 가질 수 있게 하고 마음을 움직여 그 제품을 사도록 하는 겁니다. 마지막으로 오락 기능입니다. 사람들은 광고에 나오는 인기 스타들을 보면서 즐거워하고 그들의 머리 모양, 옷차림을 보면서 즐거워합니다.

5. 04-05

영수 : 영국에서 시작한 산업혁명은 주변 국가에도 영향을 끼쳐서 경쟁적으로 산업혁명을 추진하게 되었잖아요? 그런데 저는 이런 산업혁명이 그 당시 보통 사람들에게는 그렇게 반가운 것은 아니었다고 생각해요. 미선 씨 생각은 어때요?

미선 : 네, 저도 영수 씨와 같은 생각이에요. 결과적으로 보면 산업혁명이 인간을 더 편하게 만들어 주었지만 직접 물건을 만들어 팔아서 생활을 하던 그 당시 사람들은 갑자기 일자리를 잃어버리게 된 것이니까요.

영수 : 네. 실제로 19세기 초 영국에는 산업혁명으로 들어 온 기계 때문에 일자리를 잃어버린 사람들이 기계를 부수고 파괴한 러다이트라는 사회운동이 있었어요. 그런데 웨이 씨는 어떻게 생각하세요?

웨이 : 제 생각은 좀 달라요. 뭐든지 처음에는 불편하고 안 좋게 생각됐던 것도 나중에는 오히려 인간에게 이익이 됐던 것이 많아요. 지금만 생각할 게 아니라 미래를 생각해야지요.

미선 : 물론 그건 그렇지만 산업혁명에 대해서만 생각해 보면 그건 인간을 위한 것이라기보다는 인간을 이용하려는 목적으로 시작한 것 같아요. 결국 몇 명의 이익을 위해서 시작된 거 아닌가요, 웨이 씨?

웨이 : 그래도 지금의 우리 생활을 보면 어쨌든 많은 사람에게 이익을 주게 되었잖아요?

6.

04-06

졸업을 앞둔 학생들은 저에게 와서 앞으로 전망이 있는 직업이 무엇이냐, 안정적인 직업이 무엇이냐를 자주 물어 봅니다. 그러나 제가 해 줄 수 있는 말은 없습니다. 특히 전망에 대해서는 아무도 모릅니다. 제가 10년 전에 미국에서 같이 공부했던 학교 동창생들은 졸업하자마자 미국에서 제일 큰 회사에 취직했습니다. 그 회사는 그 당시에 월급도 많고 전망도 좋고 안정적이었습니다. 그런데 작년에 그 회사는 문제가 생겨서 결국 세계 경제에까지 영향을 주었습니다. 이렇게 어떤 회사나 직업의 전망이나 안정성은 아무도 확실하게 얘기할 수 없습니다. 그러니까 제가 말하려고 하는 것은 직업을 선택할 때 너무 안정이나 전망에만 신경을 쓰지 말자는 것입니다. 얼마 전에 직업 만족도에 대한 설문조사 결과를 봤습니다. 1위가 사진작가였고 그 다음으로 작가, 항공기 조종사였습니다. 반대로 가장 불만족한 직업은 의사, 트럭 운전사 등이었습니다. 이 결과로 볼 때 직업은 자기가 즐겁게 할 수 있는 것, 잘 할 수 있는 것, 자기 인생에 의미가 있는 것이라야 합니다. 어차피 절대적으로 안정적이고 전망 좋은 직업은 없습니다. 자기가 재미있게 잘 할 수 있는 것이 무엇인지 생각하고 선택하기를 바랍니다.

7.

04-07

오늘은 지난 시간에 이어서 21세기형 전문가에 대해서 정리해 보겠습니다. 제가 IT 분야에서 일을 할 때 IT 전문가들인 우리 직원들은 언제나 IT에 대해서 말을 했습니다. 밥을 먹을 때도 농담을 할 때도 우리 분야에 대한 말을 하곤 했습니다. 그리고 다른 사람들도 당연히 우리들의 이야기를 알아듣는다고 생각했습니다. 그러나 사실은 그렇지 않잖아요? 우리들의 이야기는 그냥 우리들의 세계에서만 통하는 이야기일 뿐입니다. 오늘 제가 말하려고 하는 것은 바로 21세기의 진정한 전문가란 어떠한 사람인가에 대해서입니다. 21세기에는 자기들끼리만 통하고 아는 전문지식은 더 이상 유익하지 않다고 봅니다. 21세기형 전문가는 자기가 알고 있는 지식을 많은 사람들에게 알릴 때 의미가 있다고 생각합니다. 1980년대에 한 재미교포 의사가 한국의 어떤 방송에서 의학 상식을 소개한 일이 있습니다. 그리고 그 방송은 사람들의 관심을 많이 받았고 그 기회를 통해 한국 국민들은 건강 상식이 늘었고 자신의 건강을 잘 관리하게 되어서 생활의 질이 더욱 높아졌습니다. 그 시절의 의사들은 병원에 오는 사람들의 병을 잘 고치면 자기의 일을 다 한다고 생각했습니다. 그리고 그 시절에는 그것으로 충분했습니다. 그러나 21세기형 전문가들은 달라져야 합니다. 물론 첫 번째로 중요한 것은 자신의 전문 지식을 쌓는 것이겠지요. 그 다음에는 열린 마음으로 다른 전문 지식을 배워야 합니다. 세 번째로 중요한 것이 바로 커뮤니케이션 능력입니다. 즉, 알리는 능력 말입니다. 자기가 알고 있는 지식을 그것을 모르는 사람들에게 알려야 합니다. 그리고 자기 자신도 모르는 분야에 대해서는 다른 사람들에게 배워야 하고요. 이제는 실험실이나 연구실 안에서만 있는 전문가가 아니라 문을 열어 놓고 항상 소통하는 전문가가 필요한 시대입니다.

05 용어 및 개념 듣기

[준비해 봅시다]

05-00

앤디 워홀이라는 화가가 있었습니다. 이 화가는 유명한 여배우 마릴린 몬로의 사진 한 장을 다시 여러 색깔로 복제했습니다. 그것은 사진을 찍어서 살아있는 마릴린 몬토를 복제한 것이 아니라, 그녀의 사진 즉 벌써 한 번 복제된 것을 또다시 복제한 것입니다. 그러니까 복제를 복제한 것이지요. 시뮬라크르란 실재가 아니라 복제한 것을 다시 복제한 것을 말합니다.

[들어 봅시다]

1.

05-01

매스 미디어란 '매체' 또는 '수단'이라는 뜻으로, 일반 대중을 상대로 하여 다양한 정보와 시사적인 내용, 당대의 이슈 등을 전달하는 신문, TV, 라디오, 영화, 잡지 등을 말합니다. 매스 미디어는 매체와 수단에 따라 신문, 잡지, 도서 등의 인쇄 매체와 TV, 라디오, 영화 등의 시청각 매체로 나누어집니다. 인쇄 매체는 19세기에 시작되었고, 시청각 매체는 19세기 말부터 20세기에 걸쳐 전선, 전화기술과 영화기술 등의 발명으로 이루어졌습니다. 매스 미디어는 산업이 발달하면서 도시에 인구가 집중되고, 사람들이 많은 교육을 받게 되면서 더욱 발전하게 되었습니다. 그래서 경제적 여유가 생기고, 여가시간이 많아진 요즘은 미디어의 시대라고 할 만큼 미디어가 우리의 생활을 지배하게 되었습니다.

2.

05-02

사회적 성장에 대해서 이야기하려면 먼저 '사회화'라는 개념을 이해해야 합니다. 어린 아기는 성장하는 과정에서 다른 사람의 기대와 욕구를 이해하게 되는데, 이 과정을 사회화라고 합니다. 처음에는 엄마, 가족 등 가까운 사람들과 관계를 맺지만, 시간이 지나면서 만나는 사람들은 친구, 학교, 직장동료 등으로 점점 많아집니다. 다시 말해 사회화란 인간이 엄마로부터 독립하여 다른 사람들과 만나면서 살아가는 데 필요한 여러 가지 기술과 지식을 배우고, 또 사회적인 규칙과 지켜야할 관습을 학습하는 모든 과정을 말합니다. 아이는 그 과정에서 자아와 성격을 형성하거나 변화시켜 가게 됩니다. 또 사회화의 과정을 통해서 다른 사람들의 행동과 그 사회의 문화를 모방하고, 사회적 규칙을 자신의 것으로 만들어가는 것입니다.

3.

05-03

애덤 스미스는 전통적인 경제관에서 벗어나 현대적인 경제 개념을 최초로 만든 경제학자입니다. 그때까지의 경제관은 국가가 적극적으로 경제에 간섭하여 가격을 통제해야 한다고 생각하는 것이었습니다. 그런데 애덤 스미스는 '보이지 않는 손' 이라는 이론으로 국가의 간섭을 없애야 한다고 주장했지요. '보이지 않는 손'이란 시장을 그냥 내버려두면 자연스럽게 공급과 수요가 균형을 이루고 적당한 가격이 결정되어 합리적인 경제상태가 된다는 이론입니다. 인간은 자신의 이익을 위해서 제품을 생산하게 되고 제품을 구입할 소비자를 찾게 됩니다. 이렇게 해서 소비자와 판매자가 생기고 시장이 만들어지고, 물건의 가격도 자연스럽게 결정되는 것입니다. 결국 국가가 없어도, 개인의 이익을 추구하는 '보이지 않는 손'에 의해서 시장이 만들어진다는 겁니다.

듣기 지문

4. 05-04

문화상대주의란 세계 문화의 다양성을 인정하고 각 문화는 문화의 독특한 환경과 역사적 · 사회적 상황에서 이해해야 한다는 관점을 말합니다. 문화인류학자 루스 베네딕트는『문화의 유형』이라는 책에서 인간 행위가 사회의 관습에 따라 다양하게 이해되고 있음을 보여주었습니다. 어떤 사회의 사람들은 협동을 매우 가치 있는 것으로 보고, 다른 사회에서는 경쟁을 가치 있는 것으로 보기도 합니다. 따라서 베네딕트는 인류가 살고 있는 사회는 사회마다 특수한 문화를 가지고 있으며, 다양한 문화를 올바르게 이해하기 위해서는 그 사회의 입장에서 이해하려는 문화상대주의적 태도가 필요하다고 말합니다.

문화상대주의의 관점은 다른 문화와 민족을 이해하는 데 중요한 관점을 제시해 줍니다. 또 다른 문화를 이해하고 각각의 문화가 소통하는 데 도움을 줍니다. 물론 세계 여러 나라의 문화 중에는 문화상대주의로 설명되지 않는 문화도 있기는 합니다. 그렇다고 해서 문화상대주의를 부정하면 자기 민족의 문화만이 다른 문화보다 낫다고 생각하고, 다른 문화를 부정하는 자민족중심주의의 태도를 가지게 됩니다. 그렇게 되면 각각의 문화는 서로 충돌하게 될 것입니다.

5. 05-05

원래 오리엔탈리즘은 서양 사람들이 동양 문화를 따라하는 것을 이르는 말이었습니다. 처음에 오리엔탈리즘은 예술사에서 북아프리카나 서아시아의 나라들을 여행하면서 그 나라의 문화와 양식을 다룬 19세기 프랑스 예술가들의 작품을 말할 때 쓰였습니다. 다시 말해 오리엔탈리즘은 예술적 관점에서 동양 문화에 대한 동경을 의미하는 말로 사용되었던 것입니다.

현대에 와서 오리엔탈리즘의 개념은 변화되었습니다. 20세기의 학자 에드워드 사이드는『오리엔탈리즘』이라는 책에서 18~19세기에 동양에 진출한 유럽의 나라들이 동양을 대하는 시각을 비판하기 위해 오리엔탈리즘이라는 용어를 사용하였습니다. 이때 '오리엔탈리즘'은 서양의 눈으로 본 동양, 즉 서양인의 관점에서 잘못 만들어진 동양의 문화를 의미하는 것입니다.

사이드는 오리엔탈리즘을 설명하면서 서양인들이 동양을 서양과 구분하고, 동양을 신비로운 것 또는 동경의 대상으로 보고 있으나, 결국 그 속에는 서양의 문화는 과학적이고 합리적이며 동양의 문화는 비과학적이며, 비합리적이라는 의식이 들어 있다고 비판하였습니다.

6. 05-06

사회학에서 말하는 일탈이란 한 사회의 규범을 지키지 않고, 여기에서 벗어나는 행위를 말합니다. 그런데 사회적 규범은 시대나 사회에 따라 달라지고, 따라서 일탈행동도 시대나 사회에 따라 다르다고 하겠습니다. 일반적으로 일탈행동에는 범죄, 마약, 알코올 중독, 폭력뿐 아니라, 폭력적인 언어의 사용 등도 포함됩니다.

전통적 관점에서는 일탈을 사회적 규범을 지키지 않는 것으로 보았습니다. 하지만 1960년대 이후 사회학자들은 '무엇이 일탈인가?' 그리고 '누가 일탈자인가?'라는 두 가지 질문을 했습니다. 사회학에서 일탈은 사회의 사람들이 어떤 행동과 그 행동을 한 사람을 어떻게 보는지에 따라서 결정됩니다. 다시 말해서 어떤 행위를 일탈적인 것과 그렇지 않은 것으로 구별하는 것은 그 행위에 대한 사회적 반응이라는 것입니다. 다른 사람의 재산을 훔치는 행위도, 재산이 개인의 소유로 인정되는 사회에서만 범죄로 인정된다는 것입니다. 또 사회에서 일탈행위를 한 사람을 일탈자라고 부르는 데, 이것은 행위 자체만이 아니라 그 행위를 한 사람을 위험하고 부정적으로 생각하고 있음을 보여줍니다.

7.

05-07

요즘 축구에 열광하는 사람들이 많지요. 사람들은 왜 이 작은 공 하나 때문에 즐거워하고, 슬퍼하는 것일까요. 인간은 놀이를 좋아하는 본성을 갖고 있는 것이 아닐까요? 네덜란드의 역사가 호이징거는 『호모 루덴스』라는 책에서 인간의 특징을 놀이에서 찾았습니다. 이 책에서 설명하고 있듯이, 호모 루덴스는 놀이를 하는 인간이라는 뜻을 가진 용어입니다. 호이징거가 말하는 놀이는 정신적인 창조 활동을 의미합니다. 풍부한 상상의 세계에서 다양한 창조 활동을 하는 음악, 미술, 무용, 연극, 스포츠, 문학 등이 여기에 포함됩니다.

이 책에서 호이징거는 놀이의 특징을 몇 가지로 나누어 설명합니다. 첫째, 놀이는 자유스러운 것, 바로 자유입니다. 놀이는 일상생활이 아니라, 순수하게 즐거운 행위입니다. 축구는 공 하나만 있으면 언제나 누구하고도 할 수 있습니다. 돈이 많건 적건, 지위가 높건 낮건 누구나 놀이를 즐길 수 있는 것입니다.

둘째, 놀이에는 규칙이 있습니다. '상대방을 뒤에서 밀거나 발로 차서는 안된다', '골키퍼를 밀어서는 안 된다' 등입니다. 아무리 힘이 세다고 해도, 상대방에게 주먹을 사용하면 곧바로 경기장 밖으로 쫓겨날 것입니다. 규칙을 무시하면 게임 자체가 이루어지지 못하는 것이죠.

셋째, 놀이는 일정한 시간과 장소에서 벌어집니다. 권투에서는 링 안에서 장갑을 낀 주먹으로 상대방을 쳐도 괜찮습니다. 그러나 링 밖에서 사람을 때리면 '폭력행위'가 될 뿐입니다. 축구도 마찬가지입니다. 대결은 경기장 안에서, 시합 시간만큼만 이루어져야 합니다.

호이징거는 인간의 문화는 놀이 속에서 생겨나며, 놀이가 없이는 문명이 존재할 수 없다고 결론을 내리고 있습니다. 인간은 놀이를 통해서 인생관과 세계관을 표현하고 있다는 것입니다.

06 강의 전개 방식 이해하기

[준비해 봅시다]

06-00

한국의 만두와 비슷한 것이 중국의 빠오쯔입니다. 빠오쯔는 밀가루로 만든 빵 안에 야채나 고기를 넣어 만든 것으로 한국의 만두와 가장 비슷합니다. 중국에도 만터우라고 부르는 음식이 있는데 한국의 만두는 속에 고기나 야채가 들어간 반면 중국의 만터우는 모양은 비슷하지만 속에 아무 것도 없다는 것이 다릅니다.

06-01

어릴 때의 얼굴은 부모님으로부터 받은 것이지만 나이가 들면서 얼굴은 그 사람이 어떻게 살아왔는지에 따라 조금씩 변합니다. 그래서 링컨은 나이 40이 넘으면 자기 얼굴에 책임을 져야 한다고 말하기도 했습니다.

06-02

여러분들, 한국의 김치가 몇 가지 종류나 있는지 아세요? 우선 우리가 알고 있는 김치부터 꼽아 볼까요? 배추김치, 열무김치, 깍두기, 오이김치, 물김치, 나박김치, 갓김치, 파김치, 동치미, 백김치, 고들빼기김치, 깻잎김치, 가지김치에 고구마김치, 명태김치까지. 지금까지 알려진 것만 약 180여 종류가 있다고 하네요.

듣기 지문

[들어 봅시다]

1. 06-03

우리는 일상에서 온도에 대해 자주 이야기를 듣습니다. 이를테면 '오늘 기온은 32도'라든가 '약을 먹었더니 열이 내렸다'든가 하는 이야기를 듣게 되지요. 그렇다면 온도는 뭐고 열은 뭘까요? 온도란 한마디로 말해서 물체의 차고 더운 정도를 숫자로 나타낸 것이라고 할 수 있습니다. 그러니까 기온은 공기의 차고 더운 정도를, 체온은 몸의 차고 더운 정도를 숫자로 나타낸 것이지요. 그럼 열은 뭘까요? 우리가 뜨거운 것과 찬 것을 서로 붙여놓으면 뜨거운 것은 점점 식고 찬 것은 점점 따뜻해지죠? 이런 일은 왜 일어날까요? 이건 두 물체 사이에 무엇인가가 이동하기 때문인데요 물리학자들은 이 무엇인가를 '열'이라고 부르고 뜨거운 곳에서 차가운 곳으로 이동하는 것으로 정의를 하고 있습니다.

2. 06-04

혈액형에는 몇 가지가 있나요? A형, B형, O형, AB형이 있지요? 그럼 이 혈액형은 어떻게 나누는 것일까요? 혈액형을 처음 발견한 사람은 란트슈타이너라는 오스트리아 학자인데요 그는 여러 사람들한테서 뽑은 혈액을 혼합하던 중 혈액이 서로 엉겨서 작은 덩어리가 생기는 것을 처음 발견했어요. 그리고 이렇게 혈액이 엉기는 성질을 이용하여 사람의 혈액형을 구분할 수 있다는 사실을 발표했지요. 그것이 ABO식 혈액형이에요. 그럼 혈액형에는 이 네 가지밖에 없을까요? 혈액형을 구분하는 방법 중 ABO식 다음으로 유명한 것이 Rh식 혈액형이에요. 이외에도 혈액형을 구분하는 방법은 여러 가지가 있는데요 ABO식만큼 흔히 쓰이는 것은 아니지만 MN식, P식, 루테란식, 더피식, 디에고식 등 다양한 혈액형 구분 방법이 있습니다.

3. 06-05

여러분도 명품 좋아하시죠? 명품이 보통 물건보다 값이 비싼 만큼 쓰기에 편하고 질이 좋은가요? 항상 그렇지는 않지요. 이렇게 기능적으로 별 차이가 없는 상품을 비싸게 구입하는 것을 베블런 효과라고 합니다. 이런 베블런 효과가 나타나는 이유는 사람들이 자신은 보통 사람과는 다르다는 점을 보이고 싶어하기 때문입니다. 부자들은 생활에 직접 필요하지도 않은 물건을 구입해서 자신들의 부와 사회적 지위를 나타내려고 합니다. 베블런 효과는 경제학의 아버지라고 불리는 애덤스미스의 이론과는 맞지 않는데요 애덤스미스에 의하면 사람들은 합리적이고 실용적으로 경제활동을 한다고 했지만 베블런은 사람들이 사회적 지위에 대한 욕망을 만족시키기 위하여 경제활동을 한다고 말하고 있습니다.

4. 06-06

서울의 역사가 얼마나 됐는지 아세요? 600년이에요. 이 600년 역사를 가장 잘 느낄 수 있는 곳이 바로 고궁이지요. 서울은 조선의 수도였고 서울에는 경복궁, 창덕궁, 창경궁, 덕수궁, 경희궁 등 5개의 궁궐이 있습니다. 궁이란 왕이 일하고 생활하는 공간을 말합니다. 우리는 흔히 '궁', '궁궐', '궁전'이라는 단어를 혼용하여 사용하지만 각각의 단어는 좀 차이가 있습니다. 궁궐의 '궐'은 궁을 둘러싼 담 또는 문을 의미합니다. 예컨대 경복궁의 문에 해당하는 광화문 또는 경복궁을 둘러싸고 있는 담을 '궐'이라 할 수 있습니다. 또 궁전의 '전'은 경복궁의 근정전처럼 왕이 생활하는 건물을 말합니다. 궁에서 또 중요한 곳은 동궁입니다. 동궁은 말 그대로 동쪽에 있는 궁을 말하는데 왕의 아들 중 다음 왕이 될 세자가 사는 곳이지요. 이곳에서 세자는 앞으로 왕이 되기 위한 교육을 받습니다. 조선의 경우 세자를 가르치는 선생만도 20명이 넘었다고 하니 이 동궁 건물이 꽤 컸을 거라는 걸 알 수 있습니다. 세자가 머무는 곳을 동쪽으로 한 이유는 아마도 앞으로 왕이 될 세자를 동쪽에서 뜨는 해와 상징적으로 일치시켰기 때문이라 생각됩니다.

5.

06-07

알프레드 아들러라는 심리학자가 있었습니다. 열등감 이론을 주장한 유명한 학자이지요. 열등감이란 다른 사람에 비하여 자기는 뒤떨어졌다거나 자기에게는 능력이 없다고 생각하는 감정인데요 아들러도 어렸을 때부터 몸이 약해 열등감이 많았습니다. 어린 나이에 동생의 죽음을 겪으면서 병이나 죽음에 대해서 강한 두려움을 갖게 되었습니다. 하지만 그는 죽음과 건강에 대한 두려움을 자신이 의사가 되는 쪽으로 긍정적으로 바꿔 결국 자신의 목표를 이루었습니다. 누구에게나 열등감은 있습니다. 그러나 중요한 것은 자신의 결점을 어떻게 받아들이고 이겨나가느냐 하는 것입니다. 용기 있게 부족함을 받아들이고 앞으로 나아간 사람은 더욱 큰 발전을 할 수 있습니다. 건강한 인격을 가진 사람은 삶의 현실을 피하지 않습니다. 인생에는 깊은 열등감을 던져주는 일들이 많다는 것을 인정합니다. 그리고 용기 있게, 자신감을 가지고, 그것을 극복하기 위한 현실적 목표를 세우고 노력합니다. 그러나 건강하지 못한 인격은 열등감을 극복하기 위한 노력을 포기합니다. 용기를 내지 못하고 현실적 어려움을 피합니다. 용기 있게 자신의 열등감과 맞설 싸울 때, 열등감은 반더로 더 큰 발전으로 나아가게 하는 힘이 됩니다.

6.

06-08

인간의 뇌는 좌뇌와 우뇌로 나뉘어 있다고 하지요. 흔히 좌뇌는 언어적 기능, 즉 말하기나 읽기, 수학, 작문과 같은 논리적이고 분석적 사고를 담당하며 우뇌는 비언어적 기능, 즉 음악, 미술, 문학 등 예술적이고 창의적인 부분을 맡는다고 해요. 또 좌뇌는 우리 몸의 오른쪽 부분을 지배하고 반대로 우뇌는 왼쪽 부분을 지배하는데 그래서 왼손잡이는 대개 우뇌가 발달한 경우가 많고 예술적인 능력이 발달했다고 하지요. 그런데 지금까지 우리 사회나 학교에서 요구하는 능력은 좌뇌 기능입니다. 그래서 우뇌형의 사람들은 학교 공부에 흥미를 느끼지 못하고 음악이나 체육 같은 과목에만 흥미를 느끼는 경우가 많지요. 대개 훌륭한 예술가도 어렸을 때 학교 공부는 잘 하지 못 하는 사람이 많았던 것도 이러한 이유와 관계가 있습니다. 그래서 부모님들은 자녀가 왼손잡이이면 야단을 치고 오른손을 사용하도록 교육을 시킵니다. 오른손을 사용해야 좌뇌가 발달한다고 생각했던 거죠. 그러나 지나치게 한 쪽 뇌만 사용할 경우 두 뇌의 기능이 크게 차이가 나게 됩니다. 이렇게 불균형이 생긴 뇌는 학습은 물론 행동에도 문제가 생길 수 있습니다. 따라서 지나치게 좌뇌 활동에만 신경 쓰기보다는 좌우뇌가 골고루 발달할 수 있도록 균형을 맞추어주는 것이 중요합니다.

7.

06-09

우리는 요즘 세계화라는 단어를 아주 자주 듣습니다. 김치의 세계화라든지 한식의 세계화라든지 하는 이야기를 자주 듣게 되는데, 그렇다면 과연 세계화란 무엇일까요. 사람마다 여러 가지 정의를 할 수 있겠습니다만 경제학 분야에서 의미하는 세계화란 각 국가 경제가 세계 경제로 통합되는 것을 의미합니다. 다시 말해서 세계화란 국가 간에 존재하던 상품이나 서비스, 자본, 노동, 정보 등에 대한 벽이 사라져 세계가 거대한 하나의 시장으로 통합되어 나가는 것을 말합니다. 세계화라는 개념이 나타나게 된 이유는 어디에 있을까요? 그 원인은 몇 가지로 생각해 볼 수 있겠는데요, 먼저 교통의 발달을 원인으로 들 수 있겠습니다. 고속 전철과 초고속 비행기, 초고속 배 등이 발달하면서 나라와 나라 간의 시간적 거리와 공간적 거리가 줄어들었다는 점입니다. 두 번째로는 정보 통신의 발달입니다. 컴퓨터와 휴대폰의 발달로 세계의 정보를 바로 그 자리에서 받아 볼 수 있게 되면서 세계화는 더욱 빠른 속도로 진행되고 있습니다. 다음으로는 세계 무역 기구 즉, WTO가 등장하면서 국가 간에 발성하는 무역 문제를 해결하고 세계 무역을 활성화시켰다는 점입니다. 세계화는 우리와 관계없는 먼 곳의 이야기만은 아닙니다. 우리 주변에서도 세계화는 쉽게 볼 수 있습니다. 예를 들어 요즘 인기를 끌고 있는 아이폰의 경우만 보더라도 지구 반대편에 있는 어떤 사람의 행동이나 생각 등이 바로바로 트위터에 올라와 세계 각지 사람들에게 퍼져 나가고 있습니다. 그렇지만 세계화의 장점만 있는 것은 아닙니다. 여러 가지 문제점도 뒤따르고 있는데요. 가장 먼저 생각할 수 있는 문제점은 국가가 자기 나라의 시장을 보호할 수 없다는 것입니다. 외국의 대규모 자본이 들어오면 국내의 소규모 산업들은 살아남기가 어렵습니다. 결과적으로 강대국의 자본이 약소국을 지배하게 될 것이고 이렇게 본다면 세계화는 선진국에게 유리한 것이며, 후진국의 경제발전에 악영향을 미쳐 후진국이 결국 선진국 경제의 지배를 받게 될 지도 모른다는 겁니다.

07 화제 전환 이해하기

[준비해 봅시다]

07-00

1. 지금까지 문학이란 무엇인가에 대해 이야기했는데요. 지금부터는 문학이 우리 인간에게 어떤 역할을 하는지 알아보도록 합시다.

07-01

2. 인간에게는 먼저 생리적 욕구가 있습니다. 그러니까 예를 들면 잠을 잔다든가, 음식을 먹는다든가 하려는 욕구가 있다는 거죠.

07-02

3. 문화상대주의란 어떤 문화에 대해 그 문화가 발생한 상황을 이해하고 그 가치를 인정하자는 겁니다. 다시 말해서 문화상대주의란 문화를 평가할 만한 하나의 기준이 없다는 생각이지요.

[들어 봅시다]

1. 07-03

김치의 역사에 대해서는 여러 가지 주장이 있습니다. 기록에 의하면 삼국시대부터 간단한 형태의 김치를 먹었다고 합니다. 주로 채소를 소금에 절인 방식이 되겠지요. 나박김치나 동치미 같은 물김치는 고려시대 때부터 담가 먹기 시작했다고 해요. 요즘처럼 빨간색 김치는 조선시대 18세기 경부터 등장했습니다. 그러니까 여러분이 김치 하면 머리에 떠오르는 매운 김치, 고춧가루를 사용한 김치는 꽤 나중에 나온 형태지요. 그럼 이번에는 김치의 종류에 대해서 살펴보겠습니다.

2. 07-04

인간이 동물과 가장 크게 다른 점은 언어를 가지고 있다는 겁니다. 물론 원숭이나 꿀벌도 소리를 지르거나 춤을 춰서 의사소통을 할 수 있지만 인간에 비하면 서로 주고받는 정보가 아주 단순하지요. 사람은 언어를 통해 아주 복잡한 생각을 주고받을 수 있는 겁니다. 그러니까 결국 사람은 언어가 있었기 때문에 사회를 만들고 문화를 발전시킬 수 있었던 거죠. 이만큼 인간 언어는 동물 언어에 비해 우수합니다. 그런데 인간이 자신의 모든 생각과 감정을 언어로 전달할 수 있는 것은 아니지요. 인간 언어에도 한계가 있습니다. 이번에는 이런 면에 대해서 한번 살펴봅시다.

3. 07-05

오늘은 국가론에 대해 살펴봅시다. 먼저 국가란 무엇일까요? 정치학에서 국가에 대한 정의와 이론은 아주 다양합니다. 그 이유는 국가가 역사와 시대에 따라서 여러 가지 모습으로 나타났기 때문입니다. 근대에서 국가는 권력이 강조되고 있습니다. 오늘날에는 국가를 국민들에게 어떤 행정서비스, 복지서비스를 제공하느냐를 중심으로 생각합니다. 이렇게 보면 근대에서의 국가는 권력을 가지고 국민을 다스리는 주체가 되겠고, 오늘날의 국가는 권력보다는 여러 가지 서비스를 통해 국민이 안정적으로 그리고 더 행복하게 살 수 있게 해 주는 국민을 위한 사회 조직이 되겠습니다. 다음은 국가의 요소를 봅시다.

4. 07-06

현대 심리학의 초기에는 주로 정신질환을 치료하거나 천재를 빨리 발견하고 능력을 길러 주는 것이 연구의 목적이었습니다. 그러나 20세기 후반에는 인간이 정신적으로 신체적으로 건강하고 행복하게 살 수 있도록 하는 방향으로 바뀌지요. 이런 심리학을 긍정 심리학이라고 부릅니다. 긍정 심리학에서는 인간의 장애 연구에만 집중할 것이 아니라 인간의 강점과 능력을 발전시키는 것에 집중해야 한다고 생각하기 시작한 거지요. 그렇다고 인간의 부정적 측면을 개선하려는 노력이 중요하다는 것을 부정하지 않습니다. 다만 행복을 추구하는 인간의 욕구가 중요한 욕구라고 생각하고 인간 최선의 능력을 이끌어 내서 그런 욕구를 만족시키는 것을 목표로 합니다. 여기까지 심리학의 역사적 발전 과정을 살펴봤는데요.

이제부터는 발달의 개념에 대해 알아봅시다. 발달이란 태어나서 죽을 때까지 긴 일생동안의 인간의 발달을 말하는데 그동안 일어나는 인간의 몸과 마음의 변화와 행동을 연구하는 심리학을 발달 심리학이라고 합니다.

5. 07-07

시대적으로, 문화적으로 미인상은 많이 다릅니다. 예를 들어서 한국의 경우 과거에는 얼굴은 보름달같이 둥글고 눈썹은 초승달처럼 가늘어야 하고, 코와 입은 작은 편을 미인이라고 봤습니다. 그리고 허리가 길고 팔 다리는 짧은 그런 몸을 미인의 몸으로 생각했습니다. 지금의 미인에 대한 이미지와는 거의 반대라고 볼 수 있겠지요? 지금은 큰 눈, 높은 코, 브이라인의 얼굴, 긴 팔 다리가 미인의 조건이라고 생각하니까요. 그런데 이런 다양성에도 불구하고 시대와 지역을 넘어선 기본적인 미인의 조건이 있다고 합니다.

그럼 이제 기본적인 미인의 조건에 대해서 알아볼까요? 첫 번째는 바로 좌우 대칭성입니다. 사람을 왼쪽 오른쪽을 정확히 반으로 나누어 보면 조금씩 다릅니다. 그런데 미인이라고 불리는 여성들을 살펴보면 왼쪽과 오른쪽이 거의 같다고 합니다. 두 번째로는 허리와 엉덩이의 비율입니다. 허리가 엉덩이의 약 70% 정도 되는 몸매에 사람들은 끌린다는 겁니다. 이런 조건들은 근본적으로 무엇과 관계가 있을까요? 유전적으로 볼 때 좌우가 똑같고 허리 대 엉덩이의 비율이 0.7대 1인 여인들이 건강한 아이를 잘 낳는다는 겁니다.

6. 07-08

애드호크라시는 미국의 미래학자가 전통적인 관료 조직을 대신할 조직을 가리키는 말로 사용했습니다. 애드호크라시는 일 처리를 목표로 특별히 만들어진 임시 조직인데 지위에 따라 조직되지 않고 기능을 중심으로 조직됩니다. 전통적인 조직에 비해서 융통성이 있고 일 처리가 빠른 것이 특징입니다.

이제 인력관리론으로 넘어가겠습니다. 인력관리와 관련한 이론으로는 먼저 X이론이 있습니다. X이론은 당시 기업주의 관점을 정리한 이론인데 인간을 일하는 걸 싫어하고 돈을 위해서만 일을 하는 존재, 명령받은 일만 하는 존재로 보았죠. 따라서 회사에서는 직원들을 엄격하게 감독하고, 구체적인 명령을 내리고, 또 돈을 이용해 관리해야 한다고 생각했습니다.

이 이론은 많은 비판을 받았고 그래서 나온 것이 Y이론입니다. Y이론에서는 일을 놀이와 비슷한 것으로 생각했고, 인간은 노동을 통해서 자기를 발전시키려는 욕구를 가지고 있다고 봤습니다. 따라서 회사의 관리자는 직원들이 일 속에서 자기 발전의 욕구를 만족시키도록 도우면서 그 성과가 조직 목표로 연결이 되도록 합니다. 회사에서 중요한 결정을 할 때는 직원들을 많이 참여시키지요.

7. 07-09

인간의 지능에 대한 정의는 다양하지만 지능검사는 대개 표준화된 방법으로 측정합니다. 여러분이 알고 있는 IQ라는 것이 지능검사 결과를 숫자로 나타낸 것이지요. 인간은 정의적 특성도 가지고 있습니다. 정의적 특성이란 것은 인지적 특성을 제외한 흥미, 태도, 가치관, 불안, 동기 등 다양한 개인의 특성을 말합니다. 인간의 특성을 이해하려면 인지적 특성과 함께 정의적 특성도 알아야 합니다.

그럼 이제부터는 학습 이론을 살펴봅시다. 인간의 학습 이론은 크게 두 가지로 볼 수 있습니다.

먼저 자극 반응 학습이론이 있습니다. 이 이론은 파블로프에게서 시작됩니다. 여러분도 파블로프의 개 실험에 대해 들어봤을 겁니다. 배고픈 개에게 종소리를 들려주고 바로 음식을 주는 일을 반복하면 나중에는 종소리만 듣고도 침을 흘리게 됩니다. 이것을 인간에게 적용해서 훈련을 통해 원하는 행동 변화로 이끌 수 있다는 것입니다. 스키너도 비슷한 생각을 한 사람입니다. 스키너는 인간이 어떤 행동을 했을 때 바로 어떤 보상, 그러니까 칭찬이라든가, 음식이라든가 하는 것을 주면 그 행동이 점점 강화되고, 보상이 없으면 그 행동이 약화돼서 결국 없어진다는 점에서 학습 이론을 출발시켰습니다.

하지만 다른 학습 이론을 발전시킨 사람들이 있습니다. 그런 사람들의 학습 이론을 인지이론이라고 하는데요, 대표적인 사람이 피아제입니다. 자극 반응 학습 이론이 인간은 훈련을 통해 원하는 행동을 만들 수 있다고 생각한 반면, 피아제는 인간의 의지를 중요하게 생각한 것입니다.

인지이론에서는 인간이 복잡한 환경에 대해 적극적으로 적응해 나가는 존재라고 봤습니다. 즉 인간은 주위 환경에서 다양한 정보를 적극적으로 선택해서 자신의 지식을 만들어 나간다는 겁니다. 그것이 학습인 것이지요.

08 의도 이해하기

[준비해 봅시다] 08-00

'마이동풍'이라는 한자성어가 있습니다. 마이동풍은 바람이 말의 귀를 스쳐가는 것처럼, 남의 말을 귀 기울여 듣지 않고 그냥 흘려버린다는 뜻이지요. 요즘 정부의 교육 정책이 바로 이 한자성어에 딱 들어맞는 말입니다. 정부 관계자들에게는 학생과 학부모들이 하는 말이 그냥 귓가에 불어오는 바람과 같은 모양입니다.

[들어 봅시다]

1. 08-01

어떤 심리학자가 사람들의 걱정에 대한 연구를 했습니다. 걱정거리를 모아서 분석을 해 보니까 사람들이 걱정하는 것들의 40퍼센트는 절대 일어나지 않을 일들이었다고 합니다. 그리고 30퍼센트는 이미 일어난 일들에 대한 것이었습니다. 그러니까 지나간 일들, 걱정을 해도 바뀌지 않는 일들에 대한 것들이었습니다. 22퍼센트는 아주 작은 일들에 관한 걱정이었고, 또 4퍼센트는 우리가 어떻게 할 수 없는 일들, 즉 걱정을 해도 소용이 없는 일들이었습니다. 이걸 모두 합쳐 보면 96%가 됩니다. 자, 여러분, 여러분의 일상의 모습을 되돌아보십시오. 이런 분석 결과를 들으시니 어떤 생각이 드십니까?

2. 08-02

얼마 전 초등학교 선생이 아이들을 심하게 때리는 동영상이 인터넷에 퍼진 적이 있습니다. 학생 중의 한명이 핸드폰으로 동영상을 찍어서 인터넷에 올린 거지요. 사실 학교 폭력은 어제 오늘의 일이 아닙니다. 학생들 간의 폭력, 교사와 학생 간의 폭력은 학교 문제만이 아니라 심각한 사회문제로 봐야 합니다. 그런데 지난달 서울시 교육청이 초 · 중 · 고교에서 체벌을 금지하려고 하니까 교사들의 모임인 교원연합회가 이를 반대하고 나섰습니다.

제대로 된 교육을 위해서 선생님들은 학생을 때려도 된다는 것입니다. 하지만 폭력으로 아이들을 가르치겠다는 선생들은 이미 선생이 아닙니다. '사랑의 매'라는 것이 말이 됩니까? 사랑해서 때린다는 게 도대체 있을 수 있는 일이냔 말입니다.

3.

08-03

진화론은 생물이 아주 단순한 형태에서 출발해서 점점 복잡해지면서 가장 고등한 인간으로 발전했다는 이론이지요. 그런데 이 진화론이 요즘은 다양한 학문과 만나고 있습니다. 진화론이 심리학과 결합한 진화심리학에서는 몸뿐만 아니라 사람의 모든 생각, 정신활동, 윤리, 도덕까지도 진화의 결과라고 하지요. 인간의 생식과 종족번식의 본능과 욕구가 문명과 문화를 만들었고 종교까지 만들었다는 겁니다. 하지만 과학자들 중에는 종교를 가진 사람도 많습니다. 그 사람들은 인간의 진화를 계획한 신이 있을 거라고 믿습니다. 어떤 생물학자는 자연을 관찰해 보니까 신이 있다는 걸 믿게 되었다고 하고 어떤 천문학자는 빅뱅이론이나 진화론 같은 과학적 이론들을 신이 세계를 창조하는 하나의 방법으로 본다고 합니다.

4.

08-04

여러분에게 한가지 우화를 소개하겠습니다. 겨울 준비를 하려고 인디언들은 경험이 많은 추장을 찾아가 올 겨울 땔감은 얼마나 준비해야 하는지 물었어요. 추장은 천막 안으로 들어가 기상청에 전화했습니다. 그랬더니 기상청에서 겨울은 원래 춥다는 대답을 했습니다. 추장은 천막에서 나와 올겨울도 좀 추울 것 같으니까 땔감을 잘 준비하라고 했습니다. 사람들은 땔감을 모으기 시작했어요. 며칠 지나서 인디언들이 추장을 다시 찾아와 땔감을 더 준비해야 하느냐고 했고 추장은 다시 기상청에 전화를 걸어 올 겨울 날씨가 얼마나 춥겠냐고 물었습니다. 그러자 이번에는 지난 번 대답과 달랐습니다. 인디언들이 겨울 땔감을 열심히 모으는 걸 보니 올 겨울은 엄청나게 추울 거라는 겁니다. 이것을 '인디언 추장의 딜레마'라고 합니다. 실제 문제와 원인을 찾아 해결하는 게 아니라 자기들끼리 대화하면서 필요 이상으로 공포심을 키우고 그것이 원인이 되어 사람들의 행동이 비이성적이 되는 거지요. 신종플루나 조류독감에 대한 공포, 태풍으로 인한 배추 값 폭등이 그 예입니다. 이제 우리의 원래 주제로 돌아가서, 한국의 과도한 교육열에 대해 생각해 봅시다. 부모들은 아이를 건강하고 밝게 잘 키우고 싶지만 학부모 모임에 나가서 다른 부모들 얘기를 듣다 보면 걱정이 돼서 아이 학원 시간을 두 배로 늘립니다.

5.

08-05

여러분은 만일 여러분의 동료가 성실한데 모두 그 사람이 게으르다면서 여러분에게 어떻게 생각하냐고 물어본다면 뭐라고 하시겠습니까? 여러분은 여러분이 생각한 대로 말할 자신이 있다고 할 겁니다. 여러분은 여러분이 가치관과 원칙대로 행동하며 살고 있다고 확신할 테니까요. 그런데 재미있는 실험을 한 가지 소개하겠습니다. 일곱 명이 회의실에 앉아 있고 마지막 사람이 여덟 번째 의자에 앉습니다. 칠판에는 길이가 다른 두 개의 선이 그려져 있습니다. 팀장이 들어와 막대기를 보여주며 이 막대기와 같은 길이의 선이 어떤 것이냐고 물어봅니다. 답은 두 번째 선입니다. 누구든지 쉽게 대답할 수 있지요. 그런데 앞의 일곱 사람 모두 첫 번째 선이라고 틀린 답을 합니다. 이때 마지막 사람은 어떤 대답을 하는가 하는 실험이었습니다. 사실 마지막 사람만 빼고 모두 미리 약속을 했습니다. 틀린 대답을 하기로요. 이 경우 분명히 답이 두 번째 선이라는 것을 알고 있는 마지막 사람은 맞는 답을 했을까요? 아니면 상황에 휩쓸려 다른 모든 사람들처럼 틀린 답을 했을까요? 결과는 놀랍게도 대부분 틀린 답을 했다는 겁니다.

듣기 지문

6. 08-06

여러분들은 '정치' 하면 어떤 느낌이 드세요? 아시다시피 한국 사회에서 정치에 대한 생각은 아주 부정적입니다. 한국은 역사적으로 일본 식민 시대와 특수한 근대사를 거치면서 정치와 정치인에 대한 불신이 강해졌습니다. 이런 불신이 다시 정치에 나쁜 영향을 미치지요. 이것이 바로 한국 정치의 근본적 문제입니다. 우리는 TV의 국회의원 싸움 장면을 보며 욕을 하지요. 선거 날에는 그 놈이 그 놈이라며 투표하는 대신 나들이를 계획하는 사람들도 많다고 합니다.

이런 모습이 이해는 되지만 부정적 정치 현실을 만든 데에 우리 국민들이 전혀 책임이 없는지는 좀 생각해 봐야 할 문제인 것 같습니다.

우리는 좀 더 우리 정치에 애정을 가져야 하지 않을까요? 여러분은 민주주의란 무엇인가, 정치는 무엇이며 왜, 어떻게 해야 하는가 등등의 기본적인 질문들에 대답할 수 있으십니까? 우리가 사는 사회를 더 좋은 곳으로 만들려면 정치에 대해 진지하게 생각하고 고민할 필요가 있습니다. 그러기 위해서는 먼저 정치에 대해 알아야 하지 않겠습니까? 정치학을 공부하는 가장 큰 이유가 여기에 있는 겁니다.

7. 08-07

무지개는 몇 가지 색일까요? 한국 사람은 누구나 일곱 가지 색이라고 대답할 겁니다. 초등학교 때 그렇게 배웠으니까요. 하지만 사실 무지개의 색깔은 시대, 나라에 따라 숫자가 달라요. 고대 그리이스에서는 삼색, 또는 사색이라고 했습니다. 로마 시대로 오면 오색으로 기록하고 있고요. 서양 사람들의 머릿속에서는 무지개가 여섯 색이고 또 아프리카에서는 둘로 보는 부족들도 있다고 합니다. 결국 무지개는 우리의 머릿속에서 일곱 색깔이지 실제로 일곱 가지인 것은 아닙니다. 자세히 보면 무지개는 열 개, 백 개로도 나눌 수 있습니다. 시간도 비슷합니다. 시간은 계속 흘러가는데 우리는 그것을 24시간으로 나누고, 365일로 나누지요. 이렇게 자연은 물처럼 연속적인데 사람들은 자신들이 편하도록 마음대로 나누고 있습니다.

그럼 다시 처음 질문으로 돌아가 봅시다. 무지개는 몇 가지 색인가.. 이 질문에는 과연 정답이 있을까요? 일곱 개라는 대답은 맞고 세 개라고 대답한 사람은 틀렸다고 할 수 있을까요? 사실 무지개 색을 몇 개로 나누는 것이 맞냐에 대해 정답은 없는 겁니다. 어느 것이 옳다, 틀렸다 말할 수 없단 거지요. 지구상의 수많은 문화와 풍습도 마찬가지입니다. 절대적으로 훌륭한 문화는 없습니다. 다양한 문화는 나름의 역사와 이유를 가지고 발전한 것들이니까요. 이게 바로 우리가 오늘 배울 문화상대주의에 대한 논의입니다. 우리는 우리와 다른 문화나 풍습을 대할 때 어떤 태도를 가져야 할까요? 우리 것만 맞고 우리와 다른 문화는 이상하다, 우리 것보다 격이 떨어진다, 틀렸다는 생각을 한다면 그게 바로 비극의 시작입니다. 생각해 보세요. 히틀러가 무슨 생각으로 다른 민족과 인종들을 없애려고 했는지를요.

09 추론하기

[준비해 봅시다] 09-00

지금까지 한국의 전통적인 가족관에 대해서 말씀드렸습니다. 다음에는 최근에 나타나는 여러 가족 문제의 원인과 문제점에 대해서 말씀 드리겠습니다. 그리고 결론적으로 가족 문제의 해결 방법에 대한 우리 팀의 의견을 말씀드리고자 합니다.

[들어 봅시다]

1. 09-01

지난 시간에 공부했듯이 아이들의 성격은 유전적인 것과 환경적인 것 모두의 영향을 받습니다. 그럼 오늘은 아이의 성격과 부모의 역할에 대해서 공부하겠습니다. 태어날 때부터 새로운 변화에 적응하기 어려워하는 아이들이 있습니다. 이 아이에게 뭔가 변화를 주면, 아이는 울면서 싫다고 할 겁니다. 그런 아이의 태도에 부모는 놀라서 뒤로 물러나게 되지요. 이런 경우 아이는 새로운 경험을 할 기회를 갖지 못하게 되고, 여러 사람과의 만남을 피하는 성격으로 자라게 됩니다. 그러나 아이가 낯선 환경에 적응하는 것을 어려워해도 부모가 포기하지 않고 계속 시도를 한다면 타고 난 성격도 변할 수 있습니다.

2. 09-02

개인과 사회를 바라보는 관점은 매우 다양하지만 크게 볼 때, 개인주의와 집단주의로 나누어집니다. 홉스, 로크와 같은 사람들이 개인주의에 속하는 사상가들입니다. 이들은 사회나 정부는 개인들이 창조한 것이라고 보고, 사회나 정부가 개인을 보호하는 데 최선을 다해야 한다고 생각했습니다. 개인주의의 반대편에 있는 입장이 집단주의입니다. 이들은 집단과 사회를 강조하지요. 인간은 집단 안에서 발전된 개인이 될 수 있다고 생각하며, 개인의 이익을 내세우는 개인주의를 이기주의적인 태도라고 비판합니다. 그러나 사회를 바라보는 데 이 두 가지 관점으로 충분할까요? 그렇지 않습니다. 개인과 집단이 관계가 없는 것이 아니라, 서로 의존하고 있다고 보는 제3의 시각이 있어요. 이제부터 사회를 바라보는 제3의 시각에 대해 자세히 말씀드리겠습니다.

3. 09-03

현대 세계적으로 심각한 문제 중의 하나는 지구의 온난화입니다. 지난 시간에도 말씀 드렸듯이, 온난화의 가장 큰 원인으로는 공해로 인한 자연파괴를 들 수 있지요. 전문가들은 온난화로 인한 기후 변화를 예로 들면서, 2012년까지 대책이 나오지 않는다면 너무 늦는다고들 합니다. 그리고 앞으로 2, 3년간 우리가 하는 일이 우리의 미래를 결정할 거라고 말합니다. 물론 지금도 많은 나라들이 온난화 방지를 위해서 노력을 하고 있지요. 그런데 대부분의 나라에서는 화석연료를 대신할 새로운 에너지의 개발, 공기 정화 능력을 높이기 위한 나무 심기, 에너지 절약 같이 생활방식을 바꾸는 방법으로 진행되고 있습니다. 이러한 방법은 너무 부족할 뿐만 아니라, 온난화의 속도에 비해서 대응 속도가 너무 느리다는 문제가 있어요. 따라서 온난화를 해결할 수 있는 새로운 방법을 생각해 보아야 합니다.

4. 09-04

오늘의 강의는 '사회적 기업의 현재와 미래'이라는 제목으로 진행하려고 합니다. 먼저 사회적 기업에 대해 들어본 분, 손 한 번 들어 보십시오. 네, 겨우 일곱, 여덟 분밖에 안 계시군요. 사회적 기업이라는 말이 여러분들에게 익숙하지 않으니 만큼 먼저 사회적 기업이란 무엇인지에 대해서 말씀드리고, 사회적 기업이 필요한 이유를 알아보겠습니다. 그리고 사회적 기업가가 가져야 할 태도에 대해서 이야기 하겠습니다. 또 강의가 끝난 후에 질문 시간을 드릴 테니까 그때 질문을 해주시면 감사하겠습니다.

사회적 기업이란 사회적 목적을 우선으로 하는 기업을 말합니다. 일반적인 기업이 이익을 많이 내는 것을 목적으로 한다면 사회적 기업은 주민들에게 일자리와 서비스를 제공하여 주민들의 삶의 질을 높이는 등 사회적인 목적을 우선으로 합니다. 우리나라에서 사회적 기업의 역사는 길지 않지만 약 10여 년 전부터 사회적 기업이 생기기 시작했습니다. 여러분이 잘 아시는 '아름다운 가게'와 같이 돈을 벌기 위해서가 아니라, 중고제품을 나누어 쓸 수 있게 해서, 사회의 모든 사람들에게 도움이 되는 활동을 하는 사업을 말하는 겁니다. 그럼 다음 이야기로 넘어가겠습니다. 우리 사회에서 왜 사회적 기업이 필요한 것일까요?

:: 듣기 지문

5. 09-05

〈인터넷과 현대사회〉강의를 시작하겠습니다. 오늘은 e-스포츠를 예로 들어서 인터넷 사회의 특징에 대해서 알아보겠습니다. e-스포츠는 일렉트로닉 스포츠(electronic-sports)의 줄임말로 인터넷 가상의 세계에서 정신적, 신체적 능력을 활용하는 여가 활동을 말합니다. 아직도 많은 사람들이 e-스포츠가 스포츠에 포함되는 것인지 많은 의문을 제기하고 있습니다. 그 이유는 다른 스포츠에 비해서 신체 활동이 적다는 점입니다. e-스포츠는 키보드와 마우스를 사용할 뿐, 축구나 농구와 같이 몸을 많이 움직이지 않지요. 이런 점에서 e-스포츠는 문화 활동일 뿐이지 스포츠라고 말할 수 없다는 겁니다.

반면 e-스포츠가 스포츠라고 주장하는 사람들은 바둑을 예로 듭니다. 검은 돌과 흰 돌로 대결하는 바둑은 몸을 많이 움직이지 않는다는 점에서 e-스포츠와 비슷하지요? 이것 때문에 바둑도 스포츠가 아니라는 의견이 있었지만, 2010 광저우 아시안 게임의 정식종목이 되어 스포츠로 인정받게 되었습니다. 제가 보기에 바둑이나 e-스포츠를 스포츠가 아니라고 생각하는 것은 인터넷 시대의 신체 활동을 이해하지 못하기 때문입니다. 현대는 컴퓨터를 이용한 지적 활동과 신체 활동이 분리되지 않는 시대입니다. 지금까지의 내용을 정리하면 다음과 같습니다.

6. 09-06

〈대중사회와 문화〉 두 번째 강의를 시작하겠습니다. 이번에는 대중사회의 특징을 다룬 소설과 영화를 예로 들어 대중사회의 문제점을 이야기해 보겠습니다. 소설 〈멋진 신세계〉에서 대다수의 사람들은 인공수정에 의해 태어나는데, 그들은 태어날 때부터 등급이 정해지고, 하는 일이 정해집니다. 그들은 대량으로 생산된, 그야말로 '복제인간'인 것입니다. 이 소설에서는 인생의 의미를 찾지 못하고 생각 없이 살아가는 인간의 모습을 보여 줍니다. 그러니까 이 소설의 제목 〈멋진 신세계〉는, 인간답지 못한 세계를 경고하는 의미를 담고 있는 것입니다.

영화 〈모던 타임즈〉에서는 공장에서 나사 돌리는 작업을 하던 사람이 어디에 가서나 나사 돌리는 흉내 내는 것을 보여주면서, 현대 사회에서 기계화된 인간의 모습을 고발하고 있습니다. 산업화와 기계화로 상품의 대량생산이 가능해지면서, 사람들은 비슷한 디자인의 옷을 입고 비슷한 종류의 음식을 먹게 되었습니다. 이와 같이 개인의 개성을 없애고 모든 개인을 사회의 부속품처럼 만들어 버리는 사회를 대중사회라고 합니다. 그럼, 대중사회의 특징에 대해서 더 이야기 해 봅시다.

7. 09-07

지난 시간에는 교육제도가 성차별적 사회를 만드는 데 큰 역할을 하고 있다고 말씀 드렸습니다. 오늘은 이러한 성차별적 요소가 학생들의 교과서에 어떻게 나타나고 있는지 구체적인 예를 들어 살펴보겠습니다.

현재 초등학교에서 사용하고 있는 사회 교과서에서 여성과 남성의 역할이 어떻게 나타나는지 조사해 봤습니다. 조사 결과를 보니 초등학교의 교과서에서 남성과 여성 모두 전통적인 성 역할에 맞는 일을 하고 있었습니다. 남성은 회사원, 의사 등의 직업을 가지고 가장의 역할을 하고, 어머니는 집안일을 하는 주부의 모습으로 나타났습니다. 교과서 속의 등장하는 횟수를 보면, 남자어린이 대 여자어린이의 비율이 2.6:1의 비율이고 성인 남성의 이야기 대 성인 여성 이야기의 비율은 16:1로 그 차이가 더욱 심합니다. 교과서의 그림 속에도 남자아이의 모습이 여자아이보다 2배 정도 자주 등장합니다. 또 남자 어린이는 주도적인 역할을 하는 것으로 나타나는데 반해서 여자 어린이나 성인 여성이 등장하는 경우에 남자를 도와주는 역할에 그치는 경우가 많습니다.

교과서의 성별 직업모델을 보면, 남성은 주부와 간호사를 제외한 전 직종에서 382명이 다양한 모델로 등장하고 있음에 반해, 여성은 교사, 간호사, 판매원 등 소수의 직종만 담당하거나, 아내 또는 어머니로서 가사 및 자녀를 키우는 일을 하는 모습으로 나타나고 있습니다.

한편 교과서의 등장인물의 이미지를 보면 남자의 경우는 지성적이고 리더십이 뛰어나며 남성다움이 강조되는 반면에, 여성은 비지성적이고 소극적이며 의존적인 여성다움이 강조되고 있습니다. 이렇게 교과서에 전통적인 성역할 고정관념이 그대로 나타나고 있습니다. 이상의 연구결과를 볼 때 다음과 같은 결론을 알 수 있습니다.

10 비판적 듣기

[준비해 봅시다]

10-00

모 기업의 면접시험에서 '친구들의 전화번호 5개만 적어내시오'라는 문제가 나왔다고 합니다. 요즘에는 사람들이 휴대전화에 전화번호를 저장해 놓고 생활하기 때문에 전화번호를 기억하지 못합니다. 기술의 발달은 우리의 생활을 편하게 만들어주지만, 우리는 그것 때문에 많은 것을 잃어버리고 있습니다. 미래에 인간은 기억하는 능력을 잃어버리게 될지도 모릅니다. 이렇게 과학 기술의 발달은 인간의 미래를 불행하게 만들 수도 있습니다.

[들어 봅시다]

1.

10-01

대부분의 대학생들이 자신의 생활과 직접 관계가 없는 주제들에 관심이 없다고 합니다. 그 이유는 이러한 문제에 대한 지식이 없기 때문이 아닐까요? 인간은 혼자서는 살 수 없고, 사회, 국가와 관계를 맺으면서 살 수밖에 없습니다. 따라서 우리 주위에서 일어나는 일에 대해서 관심을 가져야 합니다. 저의 경우에는 역사학을 공부했기 때문에 사회에 대해 관심을 갖고 사회의 변화에도 잘 적응하고 있어요. 저뿐만 아니라 제 친한 친구들도 그렇게 말합니다. 사회 변화의 속도가 빠르고, 이 때문에 개인이 어떻게 행동해야 할지 모르고 혼란스러움을 느끼는 지금이 역사학을 공부해야 할 때입니다. 역사학만이 변화하는 사회를 잘 설명해 줄 수 있기 때문입니다. 내가 살고 있는 곳에서 예전에 어떤 일이 있었는지를 알게 되면, 미래의 문제를 해결하는 방법을 찾을 수 있습니다.

2.

10-02

요즘 우리사회에서는 소비문화가 유행하고 있습니다. 사람들은 물건을 소유하는 것이 자신의 몸값을 높일 수 있는 가장 쉬운 방법이라고 생각합니다. 비싼 물건을 많이 가지고 있으면 다른 사람과 구별되고, 남들보다 낫다는 자신감을 가질 수 있다고 생각하는 것입니다. 그런데 사회에서 남들보다 돋보이려는 수단으로 물건을 소비하는 사람은 대부분 여성입니다. 왜 여성들이 소비를 더 좋아하는 것일까요? 여성의 성공은 외모에 달려 있다고 해도 과언이 아닙니다. 사회에서 남성은 실제로 권력을 지닌 반면, 여성은 남성들에 의해서 평가되는 존재이기 때문입니다. 따라서 여성들은 이러한 소비적인 행동을 반성해야 합니다. 여성들은 신데렐라의 유리구두를 벗고 평등한 인간이 되어야 합니다.

3.

10-03

안락사란 치료가 불가능한 질병 때문에 겪는 고통과 괴로움을 없애기 위해서 환자가 죽음을 선택하게 하는 행위를 말합니다. 그러나 환자가 원한다고 해도, 안락사를 시키는 것에는 많은 문제가 있습니다. 그래서 대부분의 나라에서는 안락사를 금지하고 있으며, 저도 안락사를 허용해서는 안 된다고 생각합니다.

그 이유는 첫째, 치료할 수 없는 병 때문에 고통을 받는 것보다 죽는 것이 낫겠다고 결정한 후에 환자의 마음이 변할 수도 있기 때문입니다. 그러므로 환자의 결정만 믿고 그대로 안락사를 실행하는 것은 문제가 있습니다.

둘째, 의사들이 치료하기 어려운 질병이라고 판단하였지만, 그것이 사실이 아닌 때가 있습니다. 치료가 가능한지 불가능한지 현재의 의학으로 확실히 알지 못하는 경우도 있기 때문입니다.

셋째, 환자에게 스스로 자기 죽음을 선택할 권리를 주어야 하기 때문입니다. 병 때문에 고통이 심할 때 환자가 죽고 싶다고 하면 그 결정을 따라야 한다고 봅니다.

넷째, 안락사가 합법화된다면 환자들이 병원에 입원하는 것을 두려워 할 수도 있습니다. 이런 이유로 저는 안락사가 실시되어서는 안 된다고 생각합니다.

4.

10-04

남자 : 기여입학제에 대해서 논란이 많은 것이 사실입니다. 물론 돈이 많은 부모 덕분에 자녀가 좋은 대학에 들어간다는 것에 거부감이 클 수 있습니다. 하지만 현재 사립 대학교들의 상황을 살펴보아야 합니다. 사립대학교는 정부의 지원금이 아니라 학생들이 낸 등록금으로 운영이 되고 있습니다. 이런 상황에서 교육의 질이 좋아지기 어렵습니다. 선진국의 대학들은 충분한 기부금으로 운영됩니다. 이런 기부금 덕분에 학생들의 70%가 장학금을 받으면서 공부하고 있습니다. 기여 입학제를 통해서 들어온 돈으로 가난한 학생들에게 장학금을 준다면 더 많은 학생들이 교육의 기회를 얻게 될 것입니다. 또 훌륭한 도서관을 짓고 첨단 시설을 만들어서 질 높은 교육을 실시할 수도 있다고 봅니다.

여자 : 저는 기여 입학제가 교육의 질을 높인다고 생각하지 않습니다. 기여입학제란 물질을 기부한 사람의 자녀에게 대학입학을 허락하는 제도입니다. 이것은 서양의 기부금과는 다른 것입니다. 대학을 위한 순수한 기부금과 기여 입학제의 차이는 큽니다. 돈을 내고 대학에 입학 할 수 있다면, 그 부작용은 상상할 수도 없을 것입니다. 돈이 없는 사람들이 얼마나 화가 나겠습니까? 기부금 입학제라니요? 정말로 있을 수도 없는 일입니다. 저는 절대 반대입니다.

5.

10-05

여러분이 많이 보신 영화 「스파이더맨」은 현실과는 거리가 먼 상상력이 만들어낸 SF영화입니다. 하지만 잘 생각해 보면 유전자 변형 생물이 어떤 것인지를 보여줍니다. 주인공은 생명공학연구소에 갔다가 유전자를 조작해서 만든 거미에게 물립니다. 이 사고로 주인공은 거미의 유전자를 전해 받아서 거미인간이 되는 것입니다. 이렇게 유전자 변형 생물이란 유전공학 기술을 이용하여, 유전자를 조작해서 만들어낸 새로운 생물체입니다. 이런 기술은 영화에서만 가능한 것이 아니며, 실제로 우리 주위에서도 일어나고 있는 일입니다. 예를 들어, 오래 보관하기 힘든 토마토의 경우, 유전자를 변형하면 오랫동안 보관할 수 있습니다.

미래과학자들은 21세기에 세계 인구의 증가와 난치병의 발생으로 많은 사람들이 어려움을 겪을 것이라고 말합니다. 그러나 생명공학 기술의 발전을 보십시오. 인류는 이제 새로운 의약품을 만들어서 암과 같은 병을 치료할 수 있게 되었습니다. 이렇게 생명공학의 신기술은 21세기 인류의 식량난과 난치병을 해결하기 위한 유용한 기술로 발전하고 있지 않습니까? 저는 유전자 변형 기술 덕분에 인류가 그 어느 때보다도 행복한 미래를 맞이하게 될 것이라고 확신합니다.

6.

10-06

최근 현대인의 생활은 휴대전화와 떨어져서는 생각할 수가 없습니다. 휴대전화를 잃어버리기라도 하면 하루 종일 불안하고 초조해집니다. 우리가 휴대전화에 이렇게 의존하는 이유는 무엇일까요?

첫째, 지금은 정보의 전쟁시대이기 때문입니다. 누가 먼저 정보를 얻느냐에 따라 경쟁에서 이길 수 있기 때문에 사람들은 조금이라도 빠르게 새로운 정보에 접근하려고 합니다. 혹시라도 중요한 정보를 놓치게 될까봐 언제나 손에 들고 다니게 됩니다.

둘째, 사람은 외로움을 두려워하는 존재이기 때문입니다. 외로움보다도 자신이 외롭다는 사실을 다른 사람에게 보여주는 것을 더 두려워합니다. 그래서 항상 바쁘게 지내는 자신을 보여주고자 합니다.

마지막으로 현대인들은 점점 자신의 삶을 결정할 수 있는 능력을 잃어가고 있기 때문입니다. 현대인은 자신이 하고 싶어 하는 일보다 외부의 자극과 변화에 따라 행동합니다. 자신에게 필요한 것인지 묻기도 전에 그 편리함에 익숙해져 버립니다. 마약처럼 그 편리함에 중독되어 버린 현대인은 휴대폰과 잠시라도 떨어지면 불안해합니다. 그래서 최근 휴대전화의 소비에 대해서 우리가 소비할 물건을 선택하는 것이 아니라, 선택을 당하고 있다고 말하기도 합니다.

7. 10-07

인터넷 토론의 가장 큰 특징은 시공간적 제약이 거의 없다는 것과 엄청난 양의 정보가 교류된다는 것, 그리고 누가 글을 쓰는지 알 수 없다는 것입니다.

먼저 인터넷에서는 우리가 논의하고자 하는 주제를 시간과 장소에 상관없이 다룰 수 있으며, 누구나 자유롭게 자신의 의견을 제시할 수 있습니다. 이 과정에서 수많은 사람들이 동시에 주장과 반박, 비평을 하게 되어 많은 정보가 교환됩니다. 또한 인터넷 상에서의 토론은 일반 토론과 달리 사회자를 꼭 필요로 하지 않습니다. 그래서 더 자유롭게 의견이 교류될 수 있습니다. 또한 익명성이라는 특징은 자신의 이름을 밝히지 않음으로써 의견을 자유롭게 제시하고 정보를 제공하도록 합니다.

그러나 이러한 인터넷의 토론의 특성은 토론을 활발하게 하는 데 도움을 주지만, 토론의 결론을 만들어내는 데는 효과가 없습니다. 왜냐하면 인터넷의 수많은 정보는 자신의 생각을 주장하는 데는 도움이 되지만 토론을 통해서 상대방과 합의를 이루는 데는 도움이 되지 않기 때문입니다. 인터넷에서 논쟁을 하는 사람들은 상대방을 꼭 이겨야겠다는 경쟁심리 때문에, 상대방이 자신의 의견에 반해하는 의견을 표현하면 받아들이지 않습니다. 상대방에게 져서는 안 된다고 생각하면서 상대방의 글에서 단점만 찾아내려고 합니다.

또 인터넷의 토론은 익명성으로 인해서 정확하지 않은 정보를 많이 생산하고 그 정보에 대해서 책임을 지지 않습니다. 그래서 그 토론의 내용을 믿을 수 없는 경우가 많습니다. 이렇게 인터넷 논쟁은 우리 사회를 발전시키는 데 도움을 주지 못하고 시간만 낭비하게 합니다.

따라서 인터넷 토론을 발전시키기 위해서는 먼저 토론에 참여하는 사람들이 상대방의 생각을 인정하는 태도를 가져야 합니다. 우리는 다른 사람과 소통을 하기 위해서 토론을 합니다. 소통은 서로 상대방을 인정할 때 이루어지는 것입니다. 따라서 인터넷 토론에서도 상대방의 의견을 받아들이고 이해하는 태도가 필요합니다. 그리고 인터넷 실명제를 실시해야 합니다. 토론을 할 때 자기 이름을 밝히게 되면, 자기가 한 말에 책임을 느끼게 되고 그러면 토론에 신중하게 참여하게 될 것입니다.

:: 모범 답안

01 강의 개요 듣기

[준비해 봅시다]

ㄱ 수업 목표　　ㄴ 수업 방식
ㄷ 평가 방법　　ㄹ 교재

[들어 봅시다]

1.
1) ❸　2) ❶　3) ❶ ×　❷ ○　❸ ×

2.
1) ❹　2) ❶　3) ❶ ×　❷ ×　❸ ○

3.
1) ❷　2) ❹　3) ❶ ○　❷ ○　❸ ×

4.
1) ❸　2) ❶　3) ❷　4) ❶

5.
1) ❸　2) ❷, ❸　3) ❷　4) ❸

6.
1) ❷, ❹　2) ❹　3) ❹　4) ❶ ×　❷ ○　❸ ○

7.

교과목명	심리학개론	학점	3
담당교수	이규식	수업 시간	월 2, 수 2, 3
수업 목표	1. 심리학의 다양한 분야와 기초 이론에 대해 알게 되는 것 2. 자신과 일상생활에 심리학을 적용시킬 수 있게 되는 것		
수업 방식	교재를 한 과씩 맡아서 발표		
평가 방법	중간시험 30%, 기말시험 30%, 기말보고서 15%, 퀴즈 15%		
교재	심리학의 기초		

02 발표 요약지 보며 내용 이해하기

[준비해 봅시다]

3. 현대 사회의 부정적인 면 ✓

[들어 봅시다]

1.
1) ❷　2) ❷　3) ❶ ○　❷ ×　❸ ×

2.
1) ❶　2) ❶　3) ❶ ○　❷ ×　❸ ○

3.
1) ❹　2) ❷　3) ❶ ×　❷ ×　❸ ○

4.
1) ❷　2) ❸　3) ❸　4) 유교사상

5.
1) 세력확대　2) ❷　3) ❹　4) 동방견문록

6.
1) 국가관　2) ❹　3) ❶
4) 맹자의 국가관은 지금 모든 나라가 지향하고 있는 복지 국가관과 같은 의미이기 때문에

7.
1) ❹　2) ❷　3) ❹　4) ❸　5) 생략

03 시각 자료 보며 이해하기

[준비해 봅시다]

❹

[들어 봅시다]

1.
1) ❷　2) ❸　3) ❶ ○　❷ ×　❸ ○

2.
1) 별이 빛나는 밤에
2) ❹
3) ❶ ×　❷ ○　❸ ×

3.
1) ❶ 스페인어　❷ 포루투칼어

2) ❹
3) ❶ ○ ❷ ○ ❸ ×

4.
1) ❶ 다보탑 ❷ 석가탑
2) ❸
3) ❶ 다 ❷ 석 ❸ 석 ❹ 다
4) ❷

5.
1) ❶ 양반탈 ❷ 이매탈
2) ❸
3) ❸
4) ❶ ○ ❷ ○ ❸ ×

6.
1) 과학, 대중화
2) ❹
3) ❸
4) ❶ 지역 사회 ❷ 연구자 ❸ 정부

7.
1) 식물, 기관
2) ❸
3) ❶
4) **잎**–시금치, 담배
줄기–옷감
뿌리–고구마, 무
꽃–사과, 감, 오이
5) 생략

04 핵심 정보 및 내용 듣기

[준비해 봅시다]
❶

[들어 봅시다]
1.
1) ❶ 2) ❹ 3) ❶ × ❷ × ❸ ○

2
1) ❷ 2) ❷ 3) ❶ × ❷ × ❸ ○

3
1) ❷
2) ❸
3) **경기도** – 쌀, 보리, 콩
강원도 – 감자, 옥수수
전라도 – 쌀, 각종 과일과 농산물
제주도 – 귤, 바나나, 수산물

4.
1) ❹
2) ❶
3) ❶
4) **정보 전달 기능**–새로 나온 상품을 소개한다.
설득 기능–사람들이 상품에 관심을 갖게 한다.
오락 기능–자기가 좋아하는 스타들을 볼 수 있다.

5.

부정적 의견	긍정적 의견
(이름) 영수, 미선	**(이름)** 웨이
(내용) 당시 사람들이 일자리를 잃었고 몇 명을 제외한 대부분의 인간을 이용할 목적으로 시작되었다.	**(내용)** 결국 많은 사람에게 이익을 주게 되었다.

6.
1) ❷ 2) ❹ 3) ❷ 4) ❶

7.
1) ❶ 2) ❷ 3) ❸ 4) ❶ 5) 생략

05 용어 및 개념 듣기

[준비해 봅시다]
❹

[들어 봅시다]
1.
1) ❶ 2) ❸ 3) ❶ ○ ❷ × ❸ ○

:: 모범 답안

2.
1) 기술과 지식, 사회적 규칙과 지켜야 할 관습
2) ❶
3) ❶ × ❷ ○ ❸ ○

3.
1) 보이지 않는 손
2) ❷
3) ❶ × ❷ ○ ❸ ○

4.
1) 문화상대주의
2) ❶
3) ❹
4) ❶ × ❷ × ❸ ○

5.
1) ❷ 2) ❷ 3) ❹ 4) ❶

6.
1) 일탈 2) ❹ 3) ❸ 4) ❸

7.
1) 놀이하는 인간
2) ❸
3) ❸
4) ❸, ❹
5) 생략

06 강의 전개 방식 이해하기

[준비해 봅시다]
❶ 비교 · 대조 ❷ 인용 ❸ 나열

[들어 봅시다]
1.
1) ❹ 2) ❶ 3) ❶ × ❷ × ❸ ○

2.
1) ❷, ❹ 2) ❸ 3) ❶ × ❷ ○ ❸ ×

3.
1) ❷, ❸ 2) ❷ 3) ❶ × ❷ ○ ❸ ×

4.
1) ❶, ❹
2) ❶
3) ❶
4) ❶ × ❷ ○ ❸ ×

5.
1) ❶ 2) ❷ 3) ❹ 4) ❹

6.
1) ❷
2) ❶
3) ❶ × ❷ × ❸ ○
4) 우리 사회나 학교에서 요구하는 능력이 좌뇌 기능이 많은데, 오른손을 사용해야 좌뇌가 발달한다고 생각했기 때문에

7.
1) ❹
2) ❹
3) ❶
4) ❶ × ❷ ○ ❸ ×

07 화제 전환 이해하기

[준비해 봅시다]
❶

[들어 봅시다]
1.
1) 김치의 (역사) ➡ 김치의 (종류)
2) ❹
3) ❶ ○ ❷ × ❸ ×

2.
1) 인간 언어의 특성 ➡ 인간 언어의 (한계)
2) ❷
3) ❶ ○ ❷ ○ ❸ ×

3.
1) 국가의 정의 ➡ 국가의 (요소)
2) ❶
3) ❶ × ❷ ○ ❸ ○

4.
1) 심리학의 역사적 발전 과정 ➡ (발달의 개념)
2) ❹
3) ❸
4) ❶ ○ ❷ × ❸ ×

5.
1) 그럼 이제
2) ❶
3)
4) ❸, ❹

6.
1) 이제, 인력관리론
2) ❶
3) ❷
4) ❹

7.
1) 그럼 이제부터는, 학습
2) ❷
3) ❸
4) ❶ × ❷ ○ ❸ ×

08 의도 이해하기

[준비해 봅시다]
❶

[들어 봅시다]
1.
1) ❹ 2) ❷ 3) ❶ × ❷ ○ ❸ ○

2.
1) ❹ 2) ❷ 3) ❶ × ❷ ○ ❸ ×

3.
1) ❶ 2) ❶ 3) ❶ × ❷ ○ ❸ ×

4.
1) ❷
2) ❸
3) ❶
4) 공포심, 비이성적

5.
1) ❹
2) ❹
3) ❷
4) ❶ × ❷ × ❸ ○

6.
1) ❶
2) ❷
3) ❸
4) ❶ ○ ❷ ○ ❸ ×

7.
1) ❷
2) ❹
3) ❹
4) ❶ ○ ❷ × ❸ ×

09 추론하기

[준비해 봅시다]
❷

[들어 봅시다]
1.
1) ❷ 2) ❸ 3) ❶ × ❷ ○ ❸ ○

2.
1) ❷ 2) 개인주의, 집단주의 3) ❸

3.
1) ❹ 2) ❷ 3) ❶ ○ ❷ × ❸ ○

모범 답안

4.
1) ❸
2) ❹
3) ❸
4) 일반 기업은 이익을 목적으로, 사회적 기업은 삶의 질을 높이는 사회적 목적을 추구함.

5.
1) ❹
2) ❸
3) ❶ ○ ❷ × ❸ ×
4) 몸을 많이 움직이지 않음

6.
1) ❷
2) ❹
3) ❶
4) ❶ × ❷ × ❸ ○

7.
1) 교과서에서 성차별적 내용이 사라져야 한다
2) ❶
3) ❹
4) ❶ ○ ❷ × ❸ ×

10 비판적 듣기

[준비해 봅시다]
❹

[들어 봅시다]

1.
1) ❷ 2) ❸ 3) ❶ × ❷ × ❸ ○

2.
1) ❹ 2) ❸ 3) ❶ × ❷ × ❸ ○

3.
1) ❶ 2) ❸ 3) ❶ ○ ❷ × ❸ ○

4.
1) ❷
2) ❹
3) ❹
4) ❶ ○ ❷ × ❸ ○

5.
1) ❹
2) ❸
3) ❶ × ❷ ○ ❸ ○
4) 식량난, 난치병

6.
1) ❶
2) ❸
3) ❹
4) ❶ × ❷ ○ ❸ ○

7.
1) ❶
2) ❹
3) ❶
4) ❶ ○ ❷ × ❸ ×

색인

색 인

색 인